末代皇帝的五个女人

伪满洲国『明贤贵妃』

谭玉龄 传

王庆祥 ◎ 著

人民文学出版社

图书在版编目(CIP)数据

伪满洲国"明贤贵妃"谭玉龄传 / 王庆祥著. —北京:人民文学出版社,2015
(末代皇帝的五个女人)
ISBN 978 - 7 - 02 - 010837 - 4

Ⅰ.①伪… Ⅱ.①王… Ⅲ.①谭玉龄(1920~1942)— 传记 Ⅳ.① K 828.5

中国版本图书馆 CIP 数据核字(2015)第 057849 号

责任编辑　陈　旻　于　壮
特约策划　李江华
装帧设计　李思安
责任印制　芃　屹

出版发行　人民文学出版社
社　　址　北京市朝内大街 166 号
邮政编码　100705
网　　址　http:// www. rw-cn. com

印　　刷　北京凯达印务有限公司
经　　销　全国新华书店等

字　　数　140 千字
开　　本　710 毫米×1000 毫米　1/16
印　　张　9.75
印　　数　1—6000
版　　次　2015 年 5 月北京第 1 版
印　　次　2015 年 5 月第 1 次印刷

书　　号　978 - 7 - 02 - 010837 - 4
定　　价　22.00 元

谭玉龄像

当谭玉龄由北京来到长春和我见了面，彼此都同意结婚之后，也遭到了植田谦吉的干涉，干涉的理由是，必须由他先派吉冈安直赴北京到谭家作详细调查，认为"合格"之后，经过植田的正式许可才行。结果是在"令出如山倒"的情势下，经吉冈赴北京调查认为"合格"并和植田见了一面之后，才允许我们结婚的。

——爱新觉罗·溥仪

目　　录

自　序

　　谭玉龄二十二年的一生太短暂。她与溥仪婚后的五年，亦即这位年轻女性的最后岁月，清晰地反映出日本关东军对溥仪严密、巧妙的控制，反映出虚伪宝座上的傀儡皇帝的种种心态。她的处境，是其背后的政治和历史环境所决定的。

　　在溥仪前半生所拥有的四位后妃中，惟谭玉龄的处境最能说明日本人羽翼之下的溥仪的傀儡地位。婉容作为皇后，在后宫地位最高，从小朝廷大婚起到伪满结束，与溥仪共同生活的时间也最长，但因早在伪满初年，溥仪与婉容的感情就已经破裂，以后的漫长生活里，他们各自起居，且婉容身处冷宫，形同软禁，两人之间早已没有一致的思想了。文绣与溥仪共同经历了在北京当"关门皇帝"和在天津当寓公的岁月，但不待溥仪跨入伪满的门坎，文绣已坚决地自请下堂。李玉琴在伪满临近垮台的一刻也才十七岁，尚未成年，虽与溥仪也有过恩爱的"官中生活"，毕竟难得有深层次的共同语言。

　　出身旗人家庭的谭玉龄，在她十七岁时的妙龄年代，带着满族贵族家庭的遗风，从北京出关来到溥仪身边。她有娇美的容貌和温柔的性格，给绑在日本军阀战车上的"康德皇帝"送来几许温暖、几丝柔情。正值一九三七年民族灾难日益深重的时刻，这位在北京上过中学的女学生，也曾以朴素的爱国思想感染溥仪。当然，她也是听得到溥仪私房话的少数几人中的一个，两人的感情因而深化，更加甜美。她亲身体验了日本关东军司令官的政治审查，而她的悲惨之死，也成关乎政治的千古之谜。溥仪与谭玉龄悲欢同步的五年虽已逝去，溥仪对谭玉龄的怀念却永恒地保存了下来。

谭玉龄去世时太年轻，且距今已经久远，寻觅她的生平资料太难了。但凭本文粗线条的勾勒，读者也可以看到关东军的凶残面貌以及傀儡皇帝的可悲可怜。

第一章　出"关"入"宫"

一　闯关钻套的"猴帝王"

溥仪"闯关东"的本意是要拿着皇帝的身份，借助日本的武力，以恢复大清的江山。不料他陷进圈套，成了东洋武士手中的玩偶，成了一只被戏耍的猴子。

在白山黑水遍地燃烧抗日烽火的年代，溥仪由伪满执政而成为"康德皇帝"，官当得愈来愈大，事管得愈来愈少。据溥仪一九五八年在抚顺战犯管理所中写的自传[①]记载，伪满初年，各部大臣或其他官员入宫"陛见"，尚无太多的限制，后来情况就变了，"帝室御用挂"吉冈安直瞪着眼睛站在"皇宫"大门口上，除了允许"总理大臣"和"参议府议长"每周依例入宫报告毫无实质内容的"政情"外，不让任何人进门。溥仪作为皇帝的公务，也只剩下例行的"正式接见"、出席"特任式"或种种"典礼"，以及在伪国务院和伪参议府通过的法令上"裁可"了。

伪满组织机构是这样的：国务院内设总务厅，掌管伪国务总理大臣的职务和实行有关政务。由日本人担任的总务厅长和伪满各部次长，定期于星期二开会，称为"火曜会议"，关东军的代表——第四课长也出席，在这个会议

---

① 溥仪 1958 年在抚顺战犯管理所写的自传，有刻蜡版油印本存世。

身着伪满陆军大礼服的"康德皇帝"（摄于1934年溥仪第三次"登极"之后）

由溥仪"裁可"的伪满文件

上决定伪满的一切政策法令。呈送到溥仪面前的政策、法令，都是在伪满总
务厅长主持的"火曜会议"上议决并秘呈关东军批准后，再经伪满国务院和
参议府付诸形式上的讨论和通过才形成的，溥仪只能画"可"，而不得反对。
在这种情况下，溥仪渐渐懒得再到勤民楼去办公，整个上午都在缉熙楼睡懒觉，
一觉醒来，便坐在卫生间的"恭桶"上画"可"，"差不多连内容都可以不必去看，
并且也无须去看，因为看也等于白费工夫和徒劳自己的眼睛"[1]，画完随手一扔，
再由随侍一张一张从地上拾起。

这种"办公"方式显然是溥仪不甘心受人摆布的消极反映，其实溥仪也
曾经试探性地为掌握主权而积极地行动过。一九三二年八月，趁着关东军司
令官换届的机会，胡嗣瑗给溥仪出主意，让他向新上任的武藤信义建议缩减

---

① 　引自溥仪 1958 年在抚顺战犯管理所写的自传（油印本）。

"康德皇帝" 亲笔 "裁可" 留迹

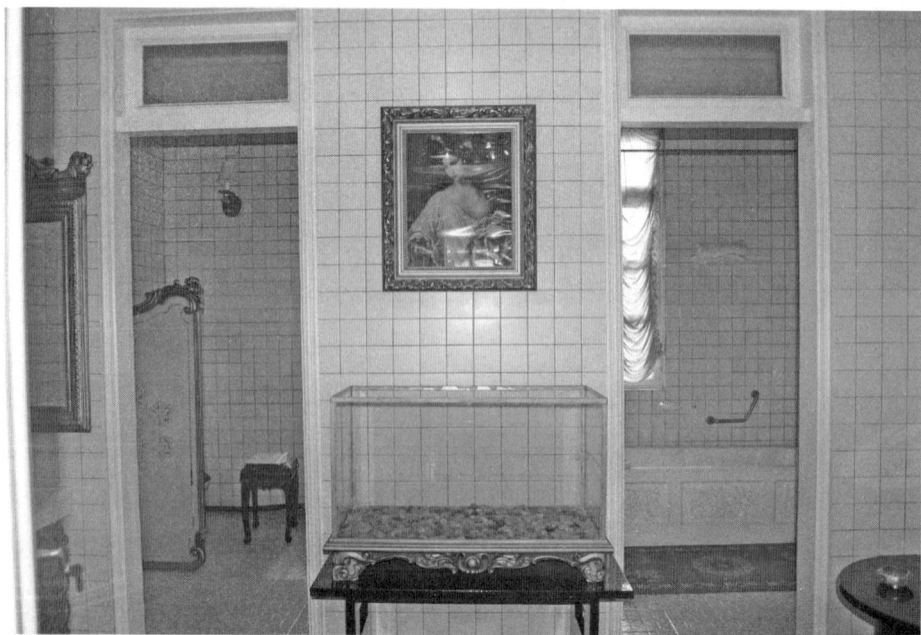

缉熙楼内溥仪 "坐马桶批奏折" 的卫生间

虚假的"办公影像"

总务厅长的政治权限，以使伪满各部大臣得以负责办理各自部务。溥仪照办了，当面讲过之后又把一份书面材料交给武藤。结果，胡嗣瑗被调离溥仪身边。溥仪这位高参是一九三二年三月出任伪满执政府秘书长的，一九三三年调任有位无权的参议府参议，至一九三九年被免职，由溥仪供养其全家，直到伪满垮台。溥仪提议后，总务厅长的权限不但没有缩减，反而在一九三七年七月机构改革时扩大了，改总务厅长为总务长官，原系国务总理大臣直属部下，今为国务院总理大臣的惟一辅佐者，有权代行院务，实际已是监督和统辖伪满各部及各地方官厅的握有最高实权的人物。

　　身为"皇帝"的溥仪，不仅对此无能为力，还要接受作为伪满太上皇的关东军司令官赤裸裸的当好傀儡的教育。他们告诫溥仪说，"满洲国"实行"总理负责"的政治制度（实际是伪总务厅长或伪总务长官负责的制度），"皇帝"应取"高高在上，垂拱无为"的态度，不要干涉或驳改"国务院"和"参议府"业已通过的议案或法令（实际是"火曜会议"通过的议案或法令），这正是"培养君德"的地方。

同德殿一楼便见室，溥仪经常在此会见关东军司令官。

溥仪在其自传中还曾举出伪满年代第三任关东军司令官菱刈隆为例：

有一次他对我讲，愈是"身为人上"的人，便愈应保有"装聋作哑"的雅量才行，能这样也才能做到"无为而治"的地步。说到这儿，他还做了实际表演：以双手做蔽目、掩耳的姿势，并说他身为"三军司令"的关东军司令官，就一贯采取这种不闻不问、听之任之的态度，所以其部下才有放手去干和负责去干的积极工作作风。然后他又把话归入本题，以教训的口吻强调说："皇帝更应该采取这种垂拱无为而天下治的态度，才能把国家大事搞好。"他还自作结语说："这就是为君之德，也就是身为皇帝所必须具有的最高政治道德和品质。"[1]

---

[1] 引自溥仪 1958 年在抚顺战犯管理所写的自传（油印本）。

菱刈隆是日本陆军大将，于一九三三年八月继武藤信义之后，出任关东军司令官兼驻伪满全权大使及关东厅长官。他在任期间，一方面把伪满改为帝制，让溥仪当了皇帝，另一方面进一步强化了关东军对溥仪和伪满的控制。

当年的溥仪，不仅作为皇帝没有自由，即使作为个人也是没有自由的，比如例行的会见伪国务总理大臣和参议府议长，要有日籍总务长官在侧，至于会见其他伪满官吏、外国来访者以至官方或非官方日本人，都毫无例外地有人监视。溥仪还怀疑监视者把窃听器装入为他新建的"同德殿"内，而坚决不肯搬进去居住，这已是众所周知的事实了。

二　魔爪伸进帝王家

菱刈隆于一九三四年十二月调回国内就任军事参议官，他还没有离开"新京"（长春），溥仪的"后宫"先出了事。

出了何事？溥仪在《我的前半生》中说，"长时期受着冷淡的婉容"，后来"染上了吸毒（鸦片）的嗜好，有了我所不能容忍的行为"。早在一九三四年九月间，婉容的汉文师傅陈曾寿就听说溥仪已有"废后之意"。陈曾寿是一九三〇年奉召从杭州来天津"进讲"的，一九三一年末护送婉容至旅顺，一九三二年又随往长春，"进讲不辍"。有

关东军司令官菱刈隆（1871—1952）

了这层关系，才能略知一二，他认为溥仪废后，系由二格格和胡嗣瑗"构陷"所致。当然，他也知道还有进一步的原因，惟"宫禁事秘，莫能详也"。为此，陈曾寿进见溥仪，力请保全婉容的"皇后"地位，"且言今尚未有皇子，选妃事，宜亟办，固不必征后同意也"。溥仪似乎被说动了，他给陈曾寿的答复，一面对婉容"深致不满，而不肯明言何事"，另一面又表示一定保全"皇后"。这当然只是表面的虚与委蛇，其时婉容既忧且惧，连旁观者也认为，溥仪"此机既动，恐终不免耳"①。

陈曾寿亲身经历的这段史实表明：废"后"与选"妃"从一开始就是联系在一起的，溥仪早就立意要召一位新"妃子"入宫了。

当时，溥仪的一举一动无不在关东军司令官的掌握之中，"后宫"曝出特

1935 年 4 月溥仪首次访日到达横滨港

① 参见陈曾寿、陈曾植：《局外局中人记》。

大新闻自然瞒不过"太上
皇"的眼睛。菱刈隆没有
袖手旁观,而是根据日本
军国主义的利益,参与了
溥仪的家事。他明确反对
溥仪废"后"①,担心内廷
丑事外扬,将影响伪满皇
帝的尊严,并波及社会安
定和日本的殖民统治。再
说,废旧"后",必然带
来册立新"后"或新"妃"
的结果,应以怎样的新人
取而代之?这里不能不考
虑括日本人的利益。因此,
即使允许废"后",也要
等到时机成熟。

　　菱刈隆刚刚调任,溥
仪就想出了甩掉婉容的新

端康太妃(光绪帝的瑾妃,1872—1924)

主意,打算利用一九三五年一月下旬赴旅顺避寒的机会,先把婉容隔离于旅顺,
再宣布废"后"。不料,继任的关东军司令官南次郎同样干预溥仪家事,指使
伪宫内府次长入江贯一跳出来反对,"废后"之举再度受阻②。

　　日本人深知,"废后"固可反对,迎立新"妃"却属势在必行,趁机打
入一个符合殖民统治利益的新"妃"人选岂不更妙?当然是日本女性最适合,
因为这可以从血统上改造伪满皇帝。

---

① 参见溥仪1958年在抚顺战犯管理所写的自传(油印本)。
② 参见周适君《伪满宫廷杂记》第17章和秦翰才《满宫残照记》第4节。

婉容、文绣与唐怡莹在御花园

溥杰、润麒与韫颖在日本

一九三五年四月，溥仪第一次访问日本期间，一个足以吸引路人驻足倾听的消息已在大洋两岸传开，据说"康德皇帝"要娶一位日本女人当"妃子"，且由天皇的母亲——日本皇太后做媒人，一切都已内定。这不是事实，却是一个有来头的传说，真实地反映了关东军的阴谋。

在这个问题上，溥仪的头脑是清醒的，他受够了"太上皇"的气，绝不愿意再把关东军的女奸细引到自己的床前枕边来，于是暂时放弃了选立新"妃"的想法。溥仪当时认为：关东军怎么也不至于在这类事情上逼人太甚吧？然而，不久发生的另一件事，改变了溥仪的认识，这便是溥杰的婚姻问题。

一九二四年一月，由端康太妃（光绪帝的瑾妃）"指婚"，把侄女唐怡莹（字

1935 年冬天起在长春伪禁卫队步兵团当排长的溥杰（中）润麒（右）郑广元（左）

石霞）嫁给了溥杰。不料，这位唐小姐颇为风流，更倾心于交际场中手握虎符、举止潇洒的青年将帅，而对于没落王孙如溥杰者并不看在眼里，以至两人同床异梦、形同陌路，后来干脆分居。一九二九年溥杰赴日留学以后两人几乎很少来往。一九三一年冬，唐怡莹凭借浙江军阀卢永祥之子卢小嘉的势力，趁溥仪偷渡出关、载沣率子女常住天津而醇王府无人看守的机会，把王府财物用卡车大批运走，从此与溥杰和载沣一家断绝了来往。

一九三五年夏秋之际，年已二十八岁的溥杰从日本陆军士官学校毕业了。正是传出溥仪要选立日本女性为妃的那些人，这回又把目光落在溥杰身上，

吉冈安直（1891—1948 年前后）

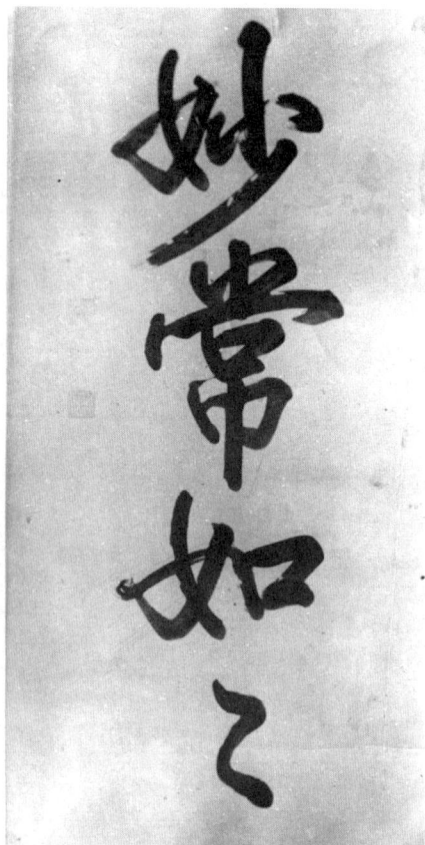

妙常如之

溥仪赏赐溥杰夫妇的御笔

17 岁时的嵯峨浩（1914—1987）

溥杰与嵯峨浩在 1937 年 4 月 3 日举行"政略婚姻"盛大婚礼

极力撮合他与日本女性联姻。这一下溥仪又急了，他敏感地认识到，这是一个关系到自身生命安全和政治地位的大事，当即把二弟找来，告诫说："你若和日本女子结婚，往后可就不好办了。"又说："我可以负责从北京给你找个合适的人。"事不宜迟，溥仪马上向二妹韫和面授机宜，予以布置，力图抢先一步，能在关东军付诸行动之前给溥杰找妥满族妻子。不久，婉容娘家的一位亲属被召到长春，溥仪当面商定了她女儿与溥杰的婚事。

正当溥仪又要以皇帝身份行使"指婚"的权力时，却被吉冈安直拦腰挡住。他以命令而不可置疑的口气对溥杰说："现在，关东军方面很希望你能和日本女性结婚，这是关系'日满亲善'的重大问题，你应在这方面做一个活的模范，这也是军方的旨意！所以，你先别忙于与中国女子订婚。你的婚姻由我负完全责任，你只管放心好了！"[①]

在"皇兄"和"军方"的交叉路口上，何去何从？溥杰只好跟"军方"走。吉冈安直也说话算数，果然承担起"完全责任"。他亲自前往北京，代溥杰办理了与前妻离婚的法律手续，又在一九三七年初前往东京，为溥杰的联姻做准备，终于促成了以本庄繁和南次郎为媒人的溥杰和嵯峨浩的婚姻。人们把这次婚姻称为"政略婚姻"，还因为随着这次婚姻产生了一个《帝位继承法》。它明确规定，"御弟之子可继皇位"。日本关东军借此实现改造皇帝血统的凤愿。

溥仪即使反对，依然目睹了这件皇家家务事被日本人操纵的全程。这件事教育了溥仪，使他懂得了"小胳膊拧不过大腿"的道理，让他不得不相信：二弟的婚姻模式早晚会落到他自己身上。

三　私传"密旨"让岳母选妃

与其由铁腕的"军方"安排，不如自己做个果断的决定。正当"负有完全责任"的吉冈安直为溥杰的"联姻"奔波之际，溥仪为自己选立新妃的工

[①]　参见溥仪1958年在抚顺战犯管理所写的自传（油印本）。

作也在暗中紧锣密鼓地开始了。

信息传到北京醇王府，这选妃的使命当即被立太太领过去了。立太太者何人？乃乾隆皇帝长子——定亲王永璜的直系后裔。祖父溥煦袭定郡王，父亲毓朗袭贝勒。庚子之后毓朗曾赴日本学习警察，是清朝亲贵中出洋留学的第一人。他兴趣广泛，博学多才，难能可贵的是自然科学水平很高，物理、化学、天文、地理无所不通。回国后历任民政部侍郎、步军统领，到宣统年间官至军机大臣。溥仪当"关门皇帝"的时候，毓朗先任宗人府右宗正，后迁左宗正。他病逝于一九二二年十二月六日，溥仪赏给陀罗经被，予谥"敏达"，派贝子溥忻前往奠醊，赏银两千元治丧，伊子恒馥被选在"乾清门行走"。由此可知，立太太不但出身皇族，而且她的家庭在皇族中间地位甚显。

毓朗有五个女儿，立太太居次，人称二格格，闺名恒馨，性格开朗，举止活泼，带一种男子英气，且能诗善画，书法亦佳，是一位才女。她成年后嫁给世袭一等轻车都尉郭布罗·荣源为三继配夫人。荣源的继配夫人恒香即皇后婉容的生身之母，也是毓朗的侄女，在婉容两岁那年就病逝了。婉容遂由姨母兼继母的恒馨抚养成大，所以，这立太太原来就是溥仪的岳母大人。

由于特殊的家世和身世，立太太恒馨在北京皇族圈里特别吃得开，与醇王府载沣一家人过从更密，溥仪碰上私人方面的大事小情往往也交给她办。溥仪的亲信随侍严桐江忆及一件事："约在一九三五年，溥仪的岳母介绍北京东兴楼饭庄厨役刘德壁来长春内廷御膳房。他是山东人，很倔，待了八九个月。有一次因一盘菜挑出毛病，溥仪罚他几元钱，他不受罚。溥仪叫我去告诉他，如做出好菜，还可以赏钱。他不听，很不满意地说，'我就是不叫罚，不要我，我上别处吃饭去。'溥仪就把他开除了，当月还给他一半工资，这事是我经办的。"[①]

这种事要搁在别人身上起码狠揍一顿，因为有立太太一面关照，居然也

---

① 引自严桐江的档案资料，未刊。

免了。立太太介绍厨役可是有来头的，她本人对烹调很有兴趣，曾遍览京城各王府和著名餐馆的绝技，兼有广、川、京、津各地风味之长，厨艺精湛。其间入宫陪伴当皇后的女儿，时而亲手掌勺，连溥仪也啧啧赞赏。所以，她推荐的厨役应该没有问题，不过溥仪太挑剔，纵然烧过九十九盘好菜，一盘略有疏漏也一定要罚。

　　暗奉溥仪的"圣旨"，立太太恒馨先选了好几家满族女儿，都不合意，后来选中他他拉氏家的女孩。

溥仪的生身父亲载沣(1883—1951)

四　植田谦吉批准的"贵人"

　　他他拉氏家的女孩，原是一位清朝大臣的孙女，到二十世纪三十年代中期，家道早已衰落，连本姓他他拉氏也不敢沿用，一音之转改为汉姓"谭"字。女孩学名谭玉龄，从小失去父母，由婶娘抚养长大。当年谭玉龄妙龄十七岁，是中学二年级的学生，与哥哥谭志元和婶娘住在北京地安门外李广桥西口袋胡同。

尚未册封时的谭玉龄。溥仪最早看到这张照片，据以选定入宫。

　　立太太向溥仪介绍谭玉龄时用的那张全身"玉照"，一直到这位皇帝成为公民之后，还完整无缺地保存在一个透明的赛璐珞票夹里；并且贴身携带，由通化带到伯力，又从伯力带回抚顺，最后还带到了北京。这件事可以说明，溥仪对谭玉龄的怀念之情是极其深厚的。

　　今天人们还可以清晰地看到照片上那位少女的模样：一位满脸稚气的初中女学生站在花园中的"月亮门"前，梳着齐脖短发，穿着二十世纪三十年代流行的短袖旗袍，两只裸露的小臂很自然地交又在胸前，白皙的脸上很文静地微露笑意。照片背面是溥仪亲笔写下的几个字："我的最亲爱的玉龄"；见到那工整而又秀气的字体，我们就不难想见那时候溥仪对他的"祥贵人"倾注了多少爱慕和柔情。

就凭这张照片，溥仪画了"可"字。消息传到北京，醇亲王载沣当即召开记者招待会，向新闻界公开了这条引人注目的消息。载沣这样做，是要以既定事实形成不可更改的舆论和声势，迫使关东军当局无法阻止谭玉龄进宫。

然而，这无异于向时任关东军司令官的植田谦吉通报情况，舆论和声势的作用等于零。关于植田干预"康德皇帝"这次婚姻的情况，溥仪曾在二十世纪五十

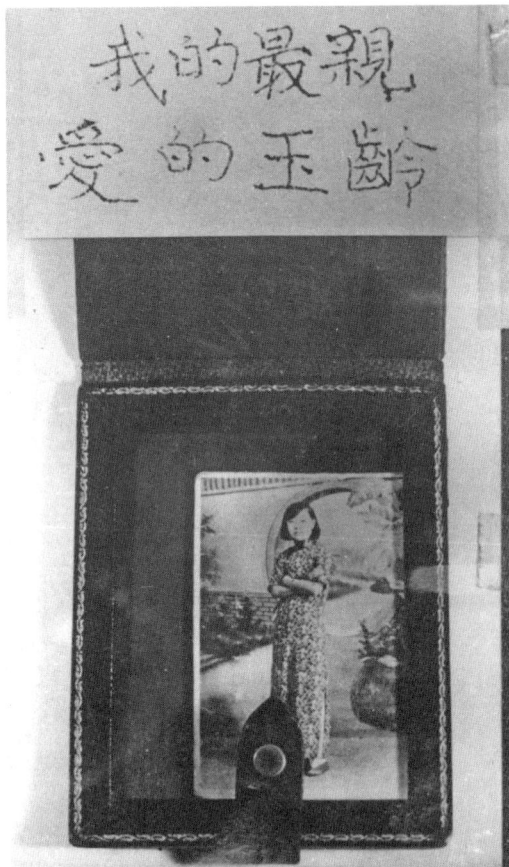

溥仪在珍藏的谭玉龄照片背面亲笔书写"我的最亲爱的玉龄"几字，一直放在庄士敦赠送的皮夹内，随身携带。

年代中期告诉来访的潘际坰先生说："在结婚之前，关东军司令官植田谦吉还特地派人到北京去打听她究竟是怎样一个人，一切认为没有问题了，才能把她找来。"①

溥仪一九五八年在抚顺战犯管理所写的自传中也谈到了这件事，并且讲得更详细一些。他说：

① 潘际坰：《末代皇帝传奇》，通俗文艺出版社，1957年，第55页。

关东军司令官植田谦吉（1875—1962）

当谭玉龄由北京来到长春和我见了面，彼此都同意结婚之后，也遭到了植田谦吉的干涉，干涉的理由是，必须由他先派吉冈安直赴北京到谭家作详细调查，认为"合格"之后，经过植田的正式许可才行。结果是在"令出如山倒"的情势下，经吉冈赴北京调查认为"合格"并和植田见了一面之后，才允许我们结婚的。

这段文字与史实略有出入。谭玉龄由北京赴长春，并不是在吉冈安直调查之前，而是在这以后，调查毫无问题，才由吉冈亲自安排谭玉龄成行的。因为尚须经由植田谦吉当面敲定，故还不能以特别身份大张旗鼓地前往，乃由吉冈亲自安排，让立太太和谭玉龄的姐娘陪同，悄然北上。直到植田面见之后，认为她完全是个幼稚的满族女孩子，毫无政治因素，遂不再干涉。

谭玉龄先在西花园畅春轩住了一个多星期，随立太太演习宫廷礼仪，继而入宫进见溥仪。

册封典礼是在一九三七年四月六日（旧历二月二十五）举行的，这有当时住在千叶的三格格韫颖给溥仪的信为凭。从这封信中我们看到，溥仪当时很高兴，赏赐三妹许多礼物。而且，那些天里，二弟溥杰刚刚完婚，四弟溥任也要结婚。但对溥仪来说，溥杰的婚姻并非吉事。三格格的信正是溥杰举

西花园畅春轩

行婚礼那天写的。那天是一九三七年四月三日。信中写道：

> 敬禀者：奉廿二三号手谕，敬悉二月廿五日举行册封贵人典礼，颖谨此谨叩大喜。今日是杰之结婚日，连日奉到电话，颖非常高兴。杰等之披露宴，在八时闭宴。润麒大约九时可归千叶。明日下午三时，仍到富士演习去。杰等明日到神奈川旅行去，七日回来。皇上赏颖的别针，颖太爱了，谨此谢恩。皇上赏颖的像匣，是什么样？请画一图样，颖太想现在就看，不知皇上能不能等谁来时，命带来。如能，颖太高兴。颖近日常累，真不是病，千千万万请皇上别惦念。王爷又来信说：任于某月某日结婚。颖现打算给王爷写几个字道喜。余俟再禀，谨此恭请圣安。

按祖制规定，清朝皇帝妻妾分为皇后、皇贵妃、贵妃、妃、嫔、贵人、常在、答应八个等级。谭玉龄进宫后被"册封"为"祥贵人"，是皇帝的第六等妻子。

这次册封典礼不但严格限定于"贵人"级别的范围之内，而且尽量不声张，与溥仪一九二二年大婚就不可同日而语了。外廷赐宴，本是礼仪中所必有的，现在也有两种说法：一说日本关东军司令官以下日籍文武官吏和傀儡政府伪国务总理大臣以下"满系"文武官员都来凑兴道贺了；另一说则认为根本就未曾安排外廷的祝贺活动。在内廷则按清朝规矩行事，谭玉龄从跨进缉熙楼的第一步就不停地磕头，从一楼磕到二楼，又在溥仪的书房里，面对身穿深色西装并戴一副黑架眼镜的"康德皇帝"行三跪九叩大礼。只听溥仪轻轻说了一句"平身"，又将一柄带有"祥"字的"三镶玉雕龙凤如意"亲手递给谭玉龄，随后领她往奉先殿叩拜列祖列宗，至此礼成。于是，溥仪又把一位十七八的黄花处子娶进家门，也算是有点"艳福"吧，可惜他有福不会享。谭玉龄遂被引领着回到一楼西侧专为"贵人"安设的寝宫，并在那里接

怀远楼内奉先殿

见前来请安的内眷和侍女们。颇令谭玉龄感到奇怪的是,没有安排她给"皇后"请安,甚至连婉容的面也未曾见到。其时那位可怜的"皇后"就住在几步之遥的同楼东侧房间中。

"洞房花烛夜,金榜题名时",是人们最高兴的时候。溥仪当年大婚,一下子就娶过来一后一妃,却没在洞房享用"花烛夜",更不想听祖母讲"男女居室人之大伦"的大道理,也不想听乳母讲"极其具体的男女之间初步常识",仅仅揭一下蒙在新娘头上绣着龙凤的大红缎子"盖头",看看她"长什么模样",满足一下好奇心,就跑回养心殿自己的寝宫去了。今天,皇后早已被打入冷宫,且又有了一位集"三千宠爱在一身"的谭贵人,可叹他仍然拒绝享用"花烛"洞房夜。

第二章　伪满的"宫廷生活"

一　养在宫中的"鸟儿"

册封以后，正像溥仪所说，他就像养一只鸟儿似的把谭玉龄养在宫中。
溥仪先命内廷侍从人员腾出原为召见室的缉熙楼一楼西侧几个房间，作

谭玉龄卧室

谭玉龄客厅

为谭玉龄生活区，归她使用，包括卧室、客厅和书房。这里原是溥仪的召见室，两年前生父载沣前来探望，这里也成为亲人聚首的一处所在，可见是能谈点秘事的地方。在谭玉龄的卧室中，南窗下摆着一张双人用沙发软床，床前挂着淡绿色芭蕉叶式的幔帐。而靠北墙放着一张赐宴用的小桌，脚下铺着蓝色地毯。从整个布置看，典雅，大方。谭玉龄性格活泼，性情温柔，深得溥仪宠爱。溥仪常在白天到这房间中来，和谭玉龄下棋谈心，说说笑笑，却谁知气坏了对面东侧房中的"皇后"婉容。那个独处空闺、冷冷清清的泪人，天天闻听皇上的笑语，却年年不见"圣人"的金面，是何等的可怜！

溥仪又命伪宫内府营缮科，在缉熙楼西侧第二个窗口处，与膳房房门相对的地方，另辟一便门，还增修了称为"避风阁"的高大门斗，专供谭玉龄出入。并且，封闭了缉熙楼一楼西侧与东侧相通的过道门，这显然是为了防止"贵人"与皇后碰头见面的措施。在溥仪的寝宫与谭玉龄的寝宫（正是楼上楼下）

谭玉龄教室

中间还临时安装了可供单人上下的小型室内楼梯,溥仪由此可随时进入"贵人"的寝宫,"贵人"也可以直接进入溥仪房中。东侧的婉容可没有如此待遇。

溥仪还给谭玉龄配备了侍女和仆妇,仆妇当时称作"老妈子",其中有位张妈,本名张敬庆,原在浆洗房给溥仪洗衣服,后来溥仪让她伺候谭玉龄。

溥仪也给谭玉龄派了干粗活的太监,名叫李长安,外号李得儿,当时也有五十岁开外了,是个实实在在的"老公公"。他年轻时伺候过光绪皇帝,以后又伺候隆裕太后和端康太妃等,其间曾因故被端康太妃发落外放服苦役,后来又被溥仪召回并留在身边。一九二三年溥仪驱逐太监时把他也一块儿轰走了,两年之后已经移居天津张园的溥仪又把李得儿从北京北城宝钞胡同内车辇店胡同家中找了回来,让他伺候婉容,也曾伺候溥仪的几位妹妹念书。一九三一年十一月,溥仪出关潜往东北,他作为随侍稍后跟到旅顺,算个"断后"的。转年三月溥仪前往长春就任伪执政,他又提前两天到达伪执政府筹备处,替主子安排住处，又成了打前站的。总之，李得儿颇受溥仪信用。谭玉龄入宫后，他即奉旨伺候。因为他对光绪年间宫中轶闻逸事知之甚多，常常讲给女主听，如时常提到光绪日常生活情形，说他处在软禁的压抑之中，常常恨得把穿在脚上的鞋子也踢飞了。他还说到溥仪过继时面见光绪的情形，以及隆裕皇太后"让国"时在退位诏书上盖印的实况等等，"贵人"从他嘴里读到一部无字的清宫秘史。

像对待婉容和文绣一样，溥仪给新"贵人"安排的第一件事是读书。她的书房就设在畅春轩内。这是位于西花园北侧的几间平房，一出门便是小桥流水、花草繁茂的西花园，还真是读书的好地方。溥仪给谭玉龄聘请的老师叫陈曾榘，字絜先，号强志，系婉容师傅陈曾寿的三弟。他们兄弟是湖北蕲水（今浠水县）人，出身于跟清王朝有深厚渊源的家族，先祖于嘉庆年间以廷试第一人入翰林，祖父陈廷经官至内阁侍读学士。曾寿、曾植、曾矩三兄弟曾参加光绪庚子、辛丑恩正并科乡试，同榜中举，当时传为佳话。长兄陈曾寿系光绪癸卯科进士，当过学部员外郎，张勋复辟期间出任"学部侍郎"。他的两个弟弟作为顽固的帝制派也参加了这次复辟。嗣后，陈曾寿长期追随溥仪，先后出任伪满内廷局长、近侍处长等职。陈曾榘也随长兄到了伪满，被任命为谭玉龄的汉文老师。

二　"皇帝"与"贵人"的感情生活

二九妙龄的谭玉龄并不是一位非常漂亮的人，但皮肤白嫩细腻，举止言行文雅且落落大方。对于这位中学生来说，一下子进入"宫廷"，面对"皇上"，上这坡也真太陡了。呈现在眼前的一切，过去仅从旧小说和戏剧中略知一二，这回却是实实在在的东西，不过她很快就由陌生而熟悉了。

谭玉龄对"皇帝"丈夫的印象不坏，在她眼里，溥仪虽然瘦弱，却透露着帝王的庄严，从这位年过而立的人君身上似乎还能看到几丝希望。于是，

西御花园

两人由册封而进入蜜月，由蜜月而相爱，由相爱而热恋，开始了特定条件下的感情生活。

傍晚，内廷的人们常常能听到从太监或老妈子口中发出的"哑哑"的声音，遂赶紧回避。不一会儿，溥仪和他的新贵人就出现在西花园中了。他们并肩散步，温言热语，卿卿我我。西花园规模很小，却有树，有亭，有假山，有石桌和石凳，走走坐坐挺惬意。西花园内设有高尔夫球场，被溥仪亲自命名为"绿意轩"的西侧平房之中还设有乒乓球室，谭玉龄很快就掌握了这两种球类运动的要领，能给爱玩的丈夫凑把手了。

谭玉龄很会唱歌，嗓音低沉，虽然唱不出女高音的调门，却有独特的韵味，

电影《末代皇后》剧照："祥贵人"（傅艺伟饰）弹琴

颇令溥仪欢喜。"皇上"最爱听她唱《毛毛雨下个不停》或《可怜的秋香》等凄凄切切的流行歌曲，一时高兴就能坐在钢琴旁边给"贵人"伴奏，演出妇唱夫随的实为悲剧的人间喜剧。

谭玉龄非常喜欢长春的特色鲜花君子兰。君子兰原产于南部非洲的山地丛林之中。十九世纪五十年代初，由欧洲传入日本。到了二十世纪三十年代，日本关东军把君子兰花儿作为"珍贵礼物"送给他们扶持的"康德皇帝"。当时只在伪满皇宫御花园内栽培，是宫中独有花卉，直到谭玉龄入宫后，才命人将其十分钟爱的君子兰花儿摆放在自己的生活区内，从此君子兰花由园入室。她去世后，溥仪悲痛欲绝，又命人特意挑选宫中最好的君子兰花儿摆放在长春护国般若寺谭玉龄灵柩前，并派僧人为她念经，让和尚们精心照料，以表怀念之情。君子兰也随之变成般若寺的庙花儿。经寺庙里和尚们长期培育，久而久之，便有了君子兰中的极品。后流入民间，俗称这种君子兰花儿为"和尚头"，却是源在"谭贵人"。

溥仪很喜欢摄影，伪满垮台后曾有人根据从宫中散落的《像片玻璃版簿》统计过溥仪留存的照片。据说在数千张照片中，皇后婉容露脸的只有八张，而"祥贵人"谭玉龄露脸的却有三十三张之多。这位统计者因此评论说："这可见溥仪爱情所在的轻重。"

气度不凡的谭玉龄

溥仪的一位侄媳妇杨景竹曾见过谭玉龄的一些照片，给她留下了深刻印象的一张，是谭玉龄身穿西服、打扮素雅。手持网球拍的照片。

随着历史的颠簸，今天我们已经无法找到那些三四十年代的镜头了。幸运的是还有这样一张照片竟保存了下来：画面上的墙壁镶嵌着深棕色的木制围屏，地面上铺着带有菱形大花的地毯，房间中央放一把软座靠背椅，谭玉龄就侧坐在这把椅上；她没有像满族女人那样把头发高高地隆起在头上，而梳着当时流行的式样，左耳旁边插着几朵小花；两弯细细的眉,一张俊秀的脸;右臂自然地垂放在椅背上,那腕上的金表和指间的戒指闪闪发光,左臂弯曲地靠在身前,而那白色带小方格的短袖旗袍一直垂拖在地毯之上。整个画面的气氛并不是皇妃的森严,而充满了年轻的朝气。这张照片是溥仪保存下来的,二十年之后当他和李淑贤结婚时,为了表示爱情的忠贞和专一,他决定把这张照片交给李淑贤,让她烧掉。但是,李淑贤没有这样做,历史就是历史,为什么要烧掉呢?于是,她又代替溥仪保存了它,直到今天。正是这张照片让我们对"帝宫"中的"明贤贵妃"的形象,有了活生生的感性认识。

有时谭玉龄也是满族打扮。一九五六年,潘际坰在抚顺战犯管理所访问溥仪时,曾向他提出这样的问题:"皇后、妃子穿的衣服,是不是像京戏'四郎探母'里的那样打扮?"溥仪说:"就是那样。那种头饰我们通常叫'两把头'。她们行起礼来,也跟那出戏里一样。在伪满洲国时代,谭玉龄还穿过这种服装呢。"

溥仪对谭玉龄的感情,还表现在传膳方面。自紫禁城大婚以来,溥仪一直单独摆膳,婉容、文绣都难得有机会跟他同桌用餐,只好每餐向皇上进贡几盘菜以应付门面。在长春伪宫之中这种情形尤甚,溥仪有时感到太孤独,就让他的几个侄子陪膳,却不准婉容靠前。但谭玉龄进宫以后,溥仪一改传统,常常就在"贵人"的卧室里摆膳,给了她比皇后和皇妃都略高一筹的礼遇。

据溥仪自己说,他和谭玉龄感情甚笃。"祥贵人"性情温柔,对溥仪体贴入微,宛然解语之花,使这位处在日本关东军控制之下的傀儡皇帝格外喜悦。有时溥仪受了日本主子的气后,回到寝宫时心情烦闷而又暴躁,往往无缘无故地对谭玉龄大发脾气。他摔东西,推推搡搡,有一次甚至把"祥贵人"身上穿的旗袍撕得粉碎。然而谭玉龄当面从不分辩,总是主动认错。她不仅能够容忍,而且还能劝慰丈夫,使他心平气和。

杨景竹也讲了一件事。她有一次去向"贵人"请安,刚好碰见谭玉龄在织毛衣。那天，二格格拿着一本英文的关于织毛衣的书，也许是她从伦敦带回来的，她一边看一边向"贵人"讲书里提到的一些技法。"贵人"手很巧，一边听一边就织出来了。她能运用平针或凸针等技法织出很多的花样来。她给溥仪织了许多毛衣，如果仅用毛线去织，本用不着"贵人"动手的，但既然要用深情去织，却又非她不可了。

在溥仪面前，"贵人"有时也撒娇。每天早起后，她常常无须通报就随便走进溥仪的寝宫，有时便从那里拿几块糕点或水果吃起来。这样的事情，无论婉容或文绣都不敢做。

溥仪和谭玉龄在一块儿的时候也多些。有一次"贵人"召见杨景竹，杨景竹根据约定在同德殿等候会面。她没有想到皇上陪着"贵人"一起来了。那天，谭玉龄穿一件米色的料子夹大衣，白狐领，进殿后随手一脱，那瞬间的动作给杨景竹留下深刻的印象，真是潇洒极了！

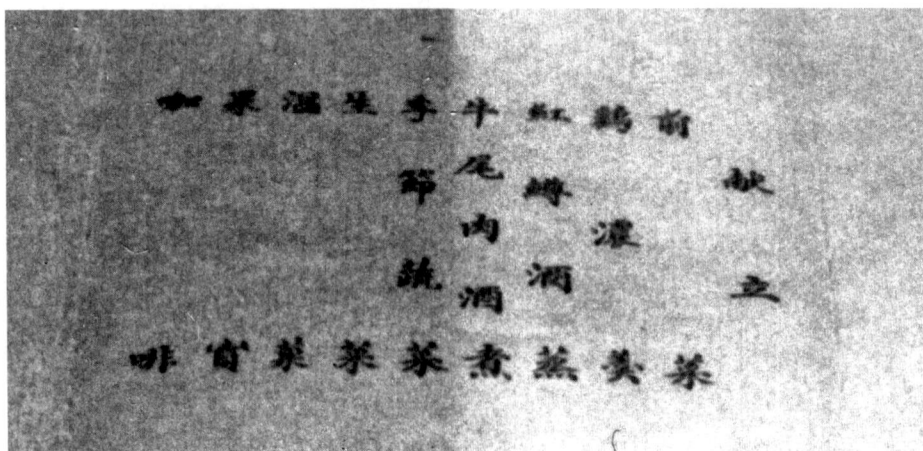

溥仪的菜谱

缉熙楼二楼西侧溥仪的寝宫

三　女伴眼中的"贵人"

伪满初年,溥仪仍信誓旦旦要"光复祖宗的江山"。经过日本人一次又一次的教训,到二十世纪三十年代后期,溥仪对于复辟清朝所寄托的希望愈来愈淡漠。他深感苦闷和压抑,这是入宫的"贵人"也无法替他排遣的。他虽然喜欢谭玉龄,却没有心思拿出很多时间陪她,也有十天八天不去看她的时候。溥仪怕"贵人"太寂寞,便约些女伴陪她,这些女伴无非都是身边的亲属,比如族弟溥俭的媳妇叶乃勤、族弟溥偰的媳妇叶希贤、族侄毓嵀的媳妇杨景竹以及族侄毓喦的姐姐毓菊英等都专门入宫陪伴过谭玉龄。

过年过节,内廷也和民间一样热闹一番,除夕晚上守岁,女伴们宁可放弃自家团圆的机会,也要进宫来陪"贵人"玩玩"升官图"等消遣。据知情人士说,当时的"升官图"还是旧官制,如殿试分为状元、榜眼、探花、传胪、二甲、三甲六项，一人中了状元，大家要上贺礼。溥仪自然也常常从连通两人卧室的小楼梯上走下来凑兴，还要掷几把骰子，也能侥幸当"状元"，这时在座的人便要齐声拍手高叫："皇上中状元啦！"溥仪也会在这时向"贵人"说几句悄悄话："我中状元就娶你做状元夫人，我们还要骑马游街呢！"

拿毓嶦的妻子杨景竹来说，她父亲是当地一位很有名望的律师，她本人是位中学毕业生，后来一直从事教育工作，直到二十世纪七十年代才从学校的岗位上退休。她是在一九四〇年前后跟毓嶦结婚的，当时，溥仪还以"皇帝"的身份赏了五百元钱作为贺礼。杨景竹乃随三嫂（毓嶦胞兄毓峻之妻）前往长春进宫谢恩①。

在此之前，杨景竹只在学校见过几回"御影"，那"恭放"御影的地方还挂着黄缎帘布，每逢开学或有重大纪念活动时，才能由校长拉开帘布，让大家面对御影行礼。这回却由丈夫带进缉熙楼二楼溥仪的书斋中叩见"天颜"，吓得她身上打战，哪敢抬头哇！一进屋只见当中已经铺好一块红毡，就赶紧双腿跪下，按入宫之前的预备训练，行三跪九叩大礼。

"读过书吗？"溥仪问杨景竹。

"读过。"她嗫嚅地说。

"在哪个学校哇？"

"吉林市女中。"

"毕业了吗？"

"今年刚毕业。"

溥仪问过这几句之后，杨景竹才敢偷偷看了他一眼，只见溥仪身穿一套灰色礼服，面露微笑，还挺和气，她的心情稍稍安稳了些。

溥仪那天高兴，对毓嶦说："一起到楼下看看吧！"于是，他背起一架照相机就带着毓嶦等来到西花园中。在园中小亭里，溥仪照了几张相，还让毓嶦和杨景竹站在一起，又亲自动手将毓嶦的手放在妻子的肩头，然后就把相

---

① 本节所述杨景竹会见溥仪和谭玉龄的内容均据笔者于1981年访问毓嶦和杨景竹的笔录。

机镜头对准他俩。杨景竹当时很窘，溥仪连说："别动！"只听"咔嚓"一声照了一张。后来溥仪还亲自洗出送了毓嶦一张。

又玩了一会儿，溥仪对杨景竹和三嫂说："你们去见贵人吧，到那儿请个蹲安就行了！"三嫂是见过谭玉龄的，她便领着进西花园北边的一处平房内。这栋房子原来是四格格和五格格的居室，她们结婚搬走后这里又成了"宫廷学生"读书的地方，毓嶦就在这里读过书。"祥贵人"入宫后，这里便改作她的客厅。她在这里接待过许多女客，有时就在这里用膳。

三嫂先为引见，杨景竹向"贵人"请安，"贵人"还礼。这时她才得到机会仔细打量眼前这位年轻女子。

"祥贵人"一米六十左右的个头，体态苗条。在那五官端正的凸形脸上，只见长长的睫毛下，有双不大不小的眼睛忽闪忽闪的。那天，"贵人"的打扮也十分惹人喜爱，头发是自己用"火剪子"烫的大卷，耳戴玉坠，穿一身苹果绿颜色的丝绒旗袍。这一切更显出她裸露在外的面部以及手臂皮肤的白嫩与细腻。

"贵人"让女伴坐在跟前，说了几句亲近话。女伴感到她确是一位仪态不凡的聪明女子。早就听说她深得溥仪宠爱，杨景竹想，如此娇媚的人谁能不爱呢！

这时有个不像男人的男人走过来告诉"贵人"说："二格格来了！"

三嫂悄悄告诉杨景竹："这就是太监李长安！"

李长安说完，满屋的人都把眼睛转向门口，不一会儿出现了一个人，看此人眉宇间似有些男人的气质，她穿一件黑底带红花和黄花的旗袍，正是溥仪的二妹韫和。二格格与"贵人"请安、还礼之后，"贵人"命太监传膳。

不到一刻钟工夫，一桌丰富的西餐已经摆好。杨景竹记得有烧牛排、炸鱼等二十几样菜，酒是紫红色的，每人面前都放了高脚杯，而小碟里摆了一块特制的糕点，不大，但很稀奇，糕上有葡萄干，还有奶油，她从来没有见过。

那天二格格高兴，首先举起酒杯来向在座的女客们祝酒。她见有道菜是用大芸豆做的，就向大家让菜："吃豆！吃豆！"满座女客都笑了。

饭后，李太监又端上果盒来，里面满盛着苹果、橘子和香水梨等。杨景竹看见"祥贵人"在果盒中挑了一个小些的香水梨，还用小刀削皮吃。她心想，这位"贵人"真娇呢！直到下午两三点钟，女伴们才尽兴出宫。

又过了几天，杨景竹要和三嫂回吉林去了，行前又进宫叩见皇上话别。溥仪赏她们一些钱做路费，又让她们去看"贵人"。她们来到"贵人"的卧室，"贵人"问这问那，一点架子也没有。当时正当盛夏之末，北国的天气已有几分秋凉之感。"贵人"关心地对杨景竹说："八奶奶要回去了，天凉啊，叫人

1978年杨景竹（右二）与毓嵣（右一）、李玉琴（右三）等历史知情人一起回到伪满皇宫讲述那段历史

到'三中井'（日本人的商店）买件毛坎肩吧！"因为毓嶦作为"五爷府"，即道光皇帝第五子奕誴后裔，在同辈兄弟中行八，所以人称杨景竹"八奶奶"。她没让"贵人"去买，但对"贵人"的关心总是不能忘记。

在这位律师女儿残存的记忆里，还能够搜索到许多细节，足以再现当年关闭在宫笼中那位性情温柔、气质高雅的丽人。杨景竹忆述道：

> 盛夏之季，我常看见"贵人"打着伞站在暴烈的阳光之下，形态何其优美！不过我还是感到奇怪：既是日光浴又何必张伞？有一年"贵人"过生日，我因其他事没有进宫。过了几天，她派人来招呼我，我想"贵人"一定生气了，我是预备着进宫受责的。进宫后我一直走，直到进入谭玉龄的卧室，那屋中摆着一架风琴和缝纫机，可这都是象征性的物品，因为我从来就没看见"贵人"动过它们。我向"贵人"请安，"贵人"还是那样微露笑意，脸上毫无愠色。她说："多日没见了，怪想的，召你进宫玩玩。"说着，她自己进里间去，一会儿便端出一个水果盘来，招呼我吃水果，那风姿真是优美极了！不久，又陆续来了几位女客，我们便一起到同德殿用膳去了。

四　嵯峨浩眼中的"贵人"

嵯峨浩与溥杰在一九三七年四月三日结婚，仅比溥仪与谭玉龄结婚早三天。溥仪与谭玉龄的第一次私房话，就是告诉她，嵯峨浩与溥杰结婚是日本人的阴谋，对嵯峨浩是不可以不防备的。所以，每逢嵯峨浩晋见"贵人"的场合，谭玉龄总是以礼相待，但谨言慎行。

一九三七年十月十六日，溥杰偕新婚妻子从日本回国到达长春。两三天后嵯峨浩身穿红色金丝绒镶金边的旗袍，并向三格格韫颖学习了晋见的礼节，随即进宫拜谒"康德皇帝"和婉容"皇后"。两位"陛下"还以西餐"赐宴"，

溥杰与嵯峨浩结婚后居住过的房子

这已是三年多来家族之内的最高礼遇了。

当天晚上，溥仪让"贵人"会见了兄弟媳妇，嵯峨浩记述实况[①]说：

> 那天晚上我们也见到了贵人。贵人是清朝遗老某大臣的孙女，一位十七岁天真无邪的女性……他他拉贵人是润麒的母亲从北京给选来的。贵人的寝宫离陛下的宫殿很近，步行不到三分钟。通常男子禁入，因为事先已安排见面，才特许溥杰可以同席，由皇帝斡旋介绍……天真烂漫的贵人显得格外艳丽动人。我和贵人的交往礼节是对等的。她进宫一年多，但还不具备皇后的气派。经介绍之后，皇帝和贵人、我们，依次是三格格、

---

① 嵯峨浩：《流浪的王妃》，《吉林文史资料》第 8 辑，第 54 页。

四格格、五格格等姐妹，在贵人的餐厅里共进了晚餐，吃的是中国饭菜。饭后，溥杰和皇帝到另一间屋子里去了，就剩下我们女的在一起说起家常话，这使我意识到任何国家的妇女都是以此为话题的……

打这以后，逢年过节或每隔一段时间，嵯峨浩都要进宫拜谒"贵人"，她们间或有严格的礼仪和滴水不漏的客套，却没有一句知心的"私房话"。

那是一九四一年春暖花开的时候，杨景竹随着额娘（婆婆）去北京探亲归来，回到长春，第二天就进宫去看"贵人"。谭玉龄对她们分外亲热，细心打听北京的气候怎么样啊，那里的满族亲属都好吗，现在有新鲜菜上市吗，等等。"贵人"又若有所思地说道："由北京直达新京的火车，听说再过几个月就能通行了！"这位二十岁的女孩分明是想家，也许是因为在长春待得气闷，但她只能把话说到这儿，心中最想说的话却总是不说出来。

因为那天在场的除了杨景竹以及她的额娘，还有三格格韫颖和溥杰夫人嵯峨浩。她们聊了一会儿，就一起上二楼溥仪的房中去了。溥仪见杨景竹的婆婆也穿一件宫内时髦的短袖旗袍，便开玩笑说："哟！怎么你也穿短袖旗袍了？"

"我喜欢啊！皇上就赏一件吧！"杨景竹的婆婆看皇上高兴，也这么开起玩笑来。这时杨景竹和嵯峨浩一起到摆着乒乓球案的大房间去玩。她们本想请"贵人"同往，却被婉言谢绝。杨景竹终于明白了"祥贵人"不愿在嵯峨浩面前说的究竟是哪些话！

她想起三个月前会见"贵人"的情景。她随婆婆前往北京探亲，路经长春时住了几天，又曾进宫叩见皇上。毓嶦本是庶母所出，根据清朝祖制，侧室是没有资格进见皇上的。因此，毓嶦的庶母只好住在月香村旅店等候，由被称为"额娘"的毓嶦的嫡母偕儿媳入内。当时虽是数九寒冬，但缉熙楼内温暖如春，杨景竹和婆婆进楼后就换了短袖旗袍。溥仪一见就关心地问："穿来大衣没有？"听到回答说"穿来了"，才又对她们说："到贵人那边吃饭去

谭玉龄（中）与二妹韫和（左）以及领着慧生的嵯峨浩（右）在伪满宫廷内合影

吧！"杨景竹和婆婆来到谭玉龄独处的卧室之中，顿生一种"金屋藏娇"的感觉。她们一进宫溥仪就让她们去陪伴"贵人"，原来"贵人"真够孤独的了。寒暄了几句，谭玉龄就"传膳"了。前后也上了二十几道菜。席间，"贵人"多次嘱咐杨景竹和她婆婆："这回要返回北京了，路上可要当心哟！""贵人"这样讲原是有所指的。她从北京来长春的路上曾看到日本人欺侮中国人。杨景竹和她婆婆这次又在山海关看到这种场面，日本兵皮鞭抽打着向他苦苦求情的一名带孩子的妇女，当时杨景竹捂住眼睛不敢往下看，从那时添了精神分裂症的病根。杨景竹等逐渐了解到，"贵人"是个很内向的人，对于一些"事

"关重大"的话，她顶多只说到心照不宣的程度，却绝不点透。"贵人"对嵯峨浩显然更要回避这一类话题。

一九八一年杨景竹接受笔者访问时继续回忆道："此后我常常被召进宫去陪伴谭玉龄，特别是'贵人'过生日的时候，都要去祝寿的。有时要在宫中待整整一天，陪'贵人'吃两顿饭呢！和'贵人'谈话的内容也局限于生活方面。后来我听说'贵人'常和溥仪谈她对日本人的不满，可以肯定是溥仪告诫过她，不准她向别人乱讲政治，所以她和我们聊天是非常有分寸的，可以说守口如瓶。这恰好证明'贵人'是个胸有韬略的人。"

五　奶妈和女仆眼中的"贵人"

溥仪的乳母二嬷在长春伪宫中住了多年，因为"皇上"总是忘不了儿时吮奶之恩，这位奶妈的地位也就特殊起来。她跟谭玉龄的接触很多，最佩服"贵人"斯文有礼。

乳母曾把谭玉龄作为榜样介绍给后来进宫的李玉琴，说谭玉龄从小没有母亲，是跟着婶娘长大的，她婶娘住在宫里的时候，也得严守国礼，在"贵人"面前站得规规矩矩，待发话才能落座，不能因养育之恩而随心所欲。"贵人"呢？对婶娘也必须保持身份，不苟言笑，不能随便流露出当侄女的热情，用乳母的话说这就叫"有主子派头"。

说到谭玉龄看重礼节这一点，李玉琴在其回忆录中也有一段记述，她见过谭玉龄册封前的照片，认为其发型、神态以至服装、绣花鞋等，带有一种鲜明的旧式家庭小姐的风度。她写道：

> 我没见过谭玉龄，但在常常接触的人中间，有一位可以说和谭玉龄是同类人物，那就是属于叶赫那拉氏的溥俭之妻叶乃勤。她比谭玉龄大一岁，也在北京念过中学，举止言谈和普通中学生就大不一样，这位"俭六奶奶"

溥仪的乳母二嬷（王焦氏，1887—1946）

在宫中学生眷属中最受尊敬，因为她的礼教好，举止端庄，会处理宫内外复杂的人际关系。许多宫中礼节我是向她学的，并多次听她用赞美的口吻说到"谭贵人"。①

乳母还说谭玉龄"机灵"，"总是想方设法讨万岁爷的喜欢，小心翼翼地怕惹着格格们不高兴"。说着又引出一段故事来，说"贵人"总是赔笑脸伺候"万岁爷"，"万岁爷"若和她发脾气，她也只在背后哭。有一天，乳母来到谭玉龄的寝宫，见到她的眼睛红红的，眼泪还没有擦净，一看乳母冷不丁进来了，赶紧露出笑模样，说"方才不小心把眼睛迷了"，这么说着眼泪却不由自主地又掉了下来。乳母就劝解说："贵人千万别往心里去，万岁爷的性子急，可还是疼贵人的。"谭玉龄说她总是小心伺候"皇上"，不知皇上为啥发那么大的脾气。话说半截又打住了，喊用人给乳母倒了杯茶水，等用人退出后又说："二嬷呀，您可别告诉万岁爷我迷眼流泪的事儿，人家怕皇上惦记呢！"乳母讲这段故事就是要证明"祥贵人"的"机灵"。

---

① 李玉琴记述、王庆祥整理：《中国最后一个"皇妃"》，北方妇女儿童出版社，1989年，第113页。

乳母又说,"祥贵人"有心计,会办事,不但对溥仪百依百顺,对人称"二格格"的溥仪的二妹韫和也总是笑脸相迎,比如吃饭,"二格格"喜欢什么,"贵人"就准备什么,格格们高兴了,万岁爷也就高兴了。再说穿衣服吧,"祥贵人"的衣服多着哪!都是按"二格格"说的样子做的,做好一件,"贵人"就穿给"万岁爷"看,"万岁爷"说好看,"贵人"便咯咯地笑个没完。乳母认为,这也能证明"祥贵人"的"机灵"。乳母还说,"祥贵人"善于察言观色,说话呀,行事呀,专挑"万岁爷"喜欢的做,讨赏当然也要趁"万岁爷"高兴的时候,一讨一个准儿,你看多"机灵"!

谭玉龄还有一大特点,就是内向。她能够潜藏自己的好恶之情,不论心里愿意还是不愿意,高兴还是不高兴,都不把情绪露在脸上。她能够长期不暴露真实思想,也能够忍受埋在心底的不快,不过这一切最终加重了谭玉龄的思想负担,使她用心过度而抑郁成疾。

有位一直伺候谭玉龄的女佣周妈,后来曾向李玉琴讲过当年"贵人"待人处事的种种。按她的说法,谭玉龄能把天大的事情都装在心里,"连条小缝都不露"。谈到谭玉龄的脾气,她说脾气虽好,只是爱生闷气。一不高兴就几天不理人,真让当奴才的吃不消。

六 "内廷学生"眼中的"贵人"

溥仪的族弟溥俭、溥侠,族侄毓嵣、毓嵒、毓嶦、毓崒等,当时都在内廷读书班内读书。溥仪想培养这些大清皇族的后裔,作为复辟清朝的骨干,称他们为"学生",时常召唤他们陪餐,不拿他们当外人。

这些"内廷学生"整天活动于伪宫区区弹丸之地,虽然照例实行男女回避制度,可这里毕竟难与紫禁城相比,抬头不见低头见的,有时候想回避也回避不了。

内廷学生们首先从毓嵣的改名上获知"谭贵人"的信息。毓嵣原名毓岭,

谭玉龄经常散步的植秀轩

他回忆改名的经历说："正因为我叫毓岭，和谭玉龄的名字谐音，所以溥仪又给我改名，当时叫'赐名'从此改为毓嶦。同时还给起个号叫秀岩。"[①]

溥仪给毓嶦改名，当时曾找了别样借口，并不是直接说出实话的。溥仪的另一位族侄毓喦详知其间衷曲，他回忆说："谈到谭玉龄，我又想起我祖父的三弟载澜的孙子毓嶦改名的情况。那是溥仪封谭玉龄为'贵人'以后，忽然对我们宣布毓岭（毓嶦原名）和清朝乾隆皇帝的陵寝（坟地）裕陵同音，故改毓岭的名字为毓嶦，而谭玉龄的名字没有改。当时我内心产生疑问，认为溥仪改毓岭的名字，表面是因为毓岭与裕陵同音，实际是因为毓岭和'贵人'的名字同音。"

毓嶦先生也曾回忆他所亲历的"贵人"：

---

① 爱新觉罗家族成员的回忆：《溥仪离开紫禁城以后》，文史资料出版社，1985年，第45页。

　　关于谭玉龄由北京到长春怎么被选上了贵人等等，我们几个学生都是一无所知。毓嵣原名叫毓岭，就是因为和新贵人名字重音才改名。因此我们才知道有了个新"贵人"，其余一概不知，也不敢打听。

　　谭玉龄刚来时住在西花园畅春轩，有五间北房连着两间西厢房，室内装饰豪华，铺地毯，贴壁绢，天花板上安有玻璃顶灯，家具都是洋式高档的。外边带一小院，种着树木、花草，就是她的活动场所。溥仪还为她请了一位老学究陈曾榘——我们的老师陈曾寿之弟，教她念《四书》，学习成绩如何未听溥仪讲过。

　　我还是有幸见过她一次，我姐姐在世时也常上去陪陪谭玉龄。一九三七年我初到长春时，我们几个学生每天晚上陪溥仪吃饭。不久谭玉龄来了，我们还是和他一起吃饭。溥仪的妹妹们就去陪谭玉龄吃饭，

在同德殿电影厅内专为溥仪和谭玉龄设置的座椅

还有两个学生的媳妇也陪着。确实是内外有别，男女不同席。溥仪对我们学生有严格限制，每个月只准许离宫外出一次。今天我姐姐上来了，也可能溥仪看我年纪小，破格叫我"见见场面"。我看见的谭贵人那时全没有一点点"学生的模样"了。烫头发，丝袜子，高跟鞋，穿着很讲究的旗袍，完全是一副少奶奶模样。我还记得她当时跟溥仪说"想吃'骨碌盖司'"，骨碌盖司是西餐一道菜名，即用土豆泥包肉馅，再粘面包渣儿过油，确实是那么一骨碌、一骨碌的。当然，我也不敢正眼看她，只在姐姐身旁坐了一会儿，溥仪就带着我过来和大家一起吃饭了。

有几次晚饭前，我们在西花园植秀轩，看到溥仪和谭玉龄在院子里散步，也只是偷偷看一眼而已，谁敢老盯着瞅呢。散步最长不过半小时吧，便分开各自有人陪着吃晚饭，饭后也是各自有人陪着说话、消遣，

宣传军国主义思想之日本影片的街头广告

那时作息还比较正常，晚上十点钟过点，溥仪发话让大家全都退下，他
们二人的夜生活也就不得而知了。再往后，溥仪和李玉琴一直是"分居"
缉熙楼和同德殿"两地"，看来溥仪和谭玉龄多半也是楼上楼下，并没
有什么"七月七日长生殿"了。

内廷学生都是溥仪亲近和信任的人，所以连他本人对执行回避制度也不
严格。有时溥仪带"贵人"到同德殿餐厅大房间看电影，也允许内廷学生入场
观看。他们都知道谭玉龄很受溥仪宠幸，"贵人"对溥仪也非常尽心。毓嵒回忆道：

> 一九三七年春，谭玉龄走进长春伪满内廷。她初来时住在内廷西花园
> 畅春轩（五间北房）。不久，溥仪册封她为"祥贵人"，便搬到缉熙楼楼

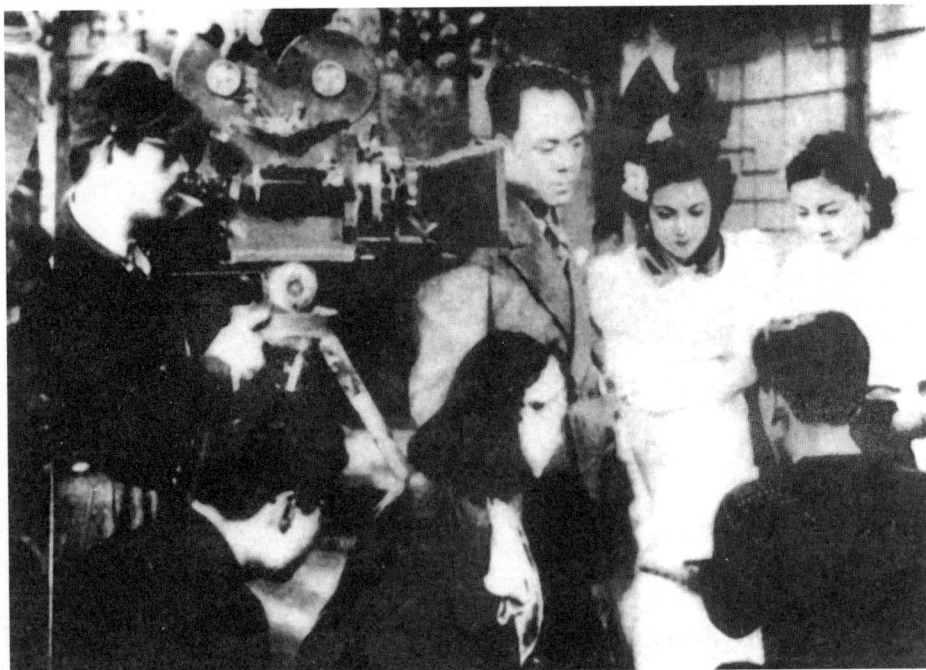

"满映"摄制美化日伪警察的影片《铁血慧心》

下西半部，也就是溥仪住室楼底下居住了。溥仪为她找来老师陈曾榘（伪满宫内府近侍处处长陈曾寿之弟），读书房就设在畅春轩。不久，我们学生的书房也搬到畅春轩前院的植秀轩。溥仪对谭玉龄非常好，我们上下学，或平时在院内来往行走，有时会遇到溥仪带着谭玉龄从缉熙楼出来到西花园散步。但跟随他们的保姆、太监就在前面喊"走！"我们听见便迅速离开，如躲避不及，就转身面墙而立。平时是见不到"贵人"的，只是在同德殿餐厅大房间演电影时，溥仪携带"贵人"一起观看。他延袭清朝宫廷的规矩，外臣或王公子弟是不能和皇后、妃嫔、贵妃们见面的，但特准我们几个"近支子弟"一起看，也须在关灯后摸黑进入，悄然坐在厅内两侧，这就是皇上对我们的特殊"恩典"了。①

七　随侍眼中的"贵人"

虽然溥仪曾给谭玉龄举行正式的册封典礼，但内廷的男性随侍中间，也只有处于"随侍总管"地位的大随侍严桐江、司房管财务的毛永惠以及伺候谭玉龄的太监李长安等几人略知内情。严桐江是奉了溥仪之命，专程去北京接应谭玉龄及其姐娘来长春的，知情较深，也最先获知毓嶂改名内幕。在他二十世纪五十年代的回忆文字中有一段写道："毓嶂原名毓岭，因谭玉龄入宫，其名字虽不同，但音同，所以改名为毓嶂。"按照内廷的严格规矩，既不许下人打听与己无关的事情，对"皇上"的内眷又必须特殊回避。所以，仅为少数人所知的情况并不能迅速传开。

不过，时间长了，也有在内廷伺候人的一般随侍，渐渐能看出一些门道来。有个叫王庆元的小随侍，就常常有机会隔着窗户看见谭玉龄，见她出入房门总由二格格韫和陪伴，并口口声声称她为"贵人"，才知道"皇上"新纳了"贵人"，但其姓甚名谁却无从得知。

---

① 载《文史资料选编》第26辑，北京出版社，1985年，第176页。

同德殿钢琴间

二十世纪八十年代末，王庆元先生还健在，他回忆当年获悉谭玉龄真实身份的过程颇为有趣，他说：

有一件事曾起了我的疑惑。原来读书班的毓岭，忽然改名叫了毓塘，是怎么回事呢？令人不解。直到同年夏天，因谭玉龄常到同德殿去弹钢琴，经常在二楼最西边的一个房间里休息。有一天，我去那个房间打扫卫生，在茶几上发现有一封从北京寄来的信。出于好奇，室内又无他人，我便生出奇胆，竟冒着偷看宫中信件的大不韪罪名，抽出信纸匆忙地看了一下。信的正款写着"玉龄胞妹"，信尾则以"兄谭志元"署名。至此，几个月来的疑团才完全解开。原来"贵人"名叫谭玉龄，读书班学生毓岭之所以易名为毓塘，是为了"避讳"。①

_____

① 引自笔者访问王庆元先生的笔录。

王庆元这位当年内廷的小随侍，不但擦桌抹椅之余，能从许多不为人们注意的玻璃窗后面观察谭玉龄的动向，还能从一个特殊角度，即与谭玉龄出入缉熙楼的专用房门正相对的御膳房纱门之内，一边等候传膳，一边"垂帘窥情"。他所见的"贵人"体态丰腴，圆圆的脸庞上，在两道细长的眉毛下，一双大大的杏核眼睛明亮有神，悬胆似的鼻子和菱角形的口搭配得十分匀称，乌黑的头发，白嫩的皮肤，楚楚动人。而元宝形的耳朵上还戴着一副玲珑剔透或红或绿的玉坠，更显出娇媚喜人。"贵人"是女子中的大高个，约一

溥仪的随侍王庆元

米六五，夏季常常穿淡雅的小花旗袍，而冬装为青色或蓝色旗袍，外套黑大衣，颈上围一条白狐狸皮，装束时髦而不妖艳，显得高雅绝伦。总之，谭玉龄温存聪敏的仪态芳容和婀娜多姿的举手投足，无不给人留下深深的印象。作为当年的内廷随侍，王庆元且忆且评继续说，谭玉龄入宫前仅一平凡少女，骤然间高贵起来，或许算不上一呼百诺，却也饭来张口，衣来伸手，受到许多人的尊敬。而溥仪的体贴温存更令她志满意得，心花怒放。看上去，谭玉龄春风满面，喜形于色，并没有寂寞无聊的模样。

王庆元又说，谭玉龄虽然春风得意，却看不出丝毫的高傲和骄横，经常

看到"贵人"与伺候她的太监和老妈子说话总是和颜悦色，绝无大声呵斥或容颜冷峻的情况。这只是一个随侍从表面上看到的，还有种种随侍无法得见的内情。人们知道，溥仪在家门之内是个典型的残暴之君，为了这事，谭玉龄常常劝说溥仪。杨景竹讲过这样一件事——有一次，溥仪由"贵人"陪伴着在西花园内散步，溥仪告诉"贵人"说："今天我可抓住偷果子的贼了！"原来宫内花园中特意栽培了一株香蕉树，宫内向来纪律严明，从未丢东西，但这棵树的果实被盗了，溥仪特别生气，严命追查，最后发现是一个护军干的。溥仪惩罚了那个护军，还打算把他撵走。谭玉龄听说后便在溥仪面前替护军说情："我看还不至于撵走吧？"溥仪果然打消了撵走护军的想法。

当年内廷还设立了一个勤务班，其成员都是从博济孤儿院领出来的十多岁的孩子，其任务是清理庭院和各房间的卫生。当谭玉龄离开房间出外活动时，那些孩子常因回避不及竟与"贵人"相对而立，这一类情况若被溥仪或某随侍碰上，轻则给予严厉训斥，重则挨顿臭打或罚款若干。谭玉龄可不这样，她只淡淡一笑，便轻轻地走过去了。所以，连"勤务班"的僮仆们也都喜欢这位"贵人"。

八　"大不敬"事件始末

一九三八年盛夏的一个中午，因为天热，谭玉龄把房间的窗户都打开了，从里边不断传出笑语，可以分辨出混杂在一起的溥仪、谭玉龄和二格格韫和的声音。

"哎哟！"在庭院内执勤的护军们最先听到谭玉龄这一句呼唤，接着又听到她娇声娇气地叫了一声"皇上"，随后传出窗外的便是溥仪的哈哈大笑。

闻见上述场面的庭院内护军以及御膳房中的厨役等人各有感想，有的羡慕"皇上"和"贵人"感情丰富、生活甜蜜，也有的因谭玉龄受宠而嫉妒。眼前这阵阵娇声笑语常常引起他们的联想，想到深埋于缉熙楼东侧空闺之中而遭受终年冷落的"皇后"婉容，他们为婉容打抱不平。由此引发的事件，就在那个炎热的中午闹起来了。

屋内一阵调笑过后，谭玉龄和韫和互相搀扶着，走出楼外，她们边走边说，边说边笑，叽叽咯咯地上西花园去了。膳房中的厨役石玉山，透过铁纱窗户把她们的行貌看得真真切切。就在这时，石玉山撇撇嘴，针对谭玉龄口出秽语道："哼！嘴大阴门敞！"

屋里的人为之一怔，这是大不敬啊！正等候传膳的勤务班长多连元，斜棱着三角眼笑眯眯地看了在场的随侍王庆元一眼，示意说"看你检举不检举？"

原来溥仪给内廷侍从人员规定了严格的罪错连坐办法，知情不举要受到严厉责罚。平时王庆元与石玉山关系不错，怎好翻脸就检举他呢？但觉得多连元形色不对，转眼已经离去，王庆元再也不敢耽搁，急急奔向"总管随侍"严桐江房中，这时多连元刚从严总管屋里出来，边走下台阶边冲王庆元嘿嘿一笑。等王庆元回报"大不敬"事件时，严桐江只淡淡地说了一句："我知道了！"

当天下午，溥仪命严桐江把随侍王庆元传来问话。

"石玉山说了些什么？"溥仪开门见山地问。

"奴才不敢说。"王庆元确实不敢照原样学话。

"这是我叫你说的，尽管说，我不

伪满内廷随侍大总管严桐江（1911年出生）

怪你。"

王庆元低头片刻,上午他向严总管回报时,也仅说到"石玉山对'贵人'大不敬"为止,他想这种淫词秽语也不该让严桐江知道呀,遂对在场的"总管"说:"严桐江,你下去!"严桐江听后,未作声就下楼去了。

"石玉山到底说了什么?"溥仪继续追问。

王庆元终于怯懦地将石玉山对"贵人"大不敬的全部过程和盘托出,溥仪听后面有愠色地说:"是这样!你先下去吧!"

随后,严桐江就奉命把石玉山带到勤务班,也不讯问,操起一块木板就噼嘛咔嚓地乱打一通。

"严随侍!我犯了什么错误?"石玉山就像丈二和尚摸不着头脑。

"你做的事自己知道,又何必问我!"严桐江也不解释,一板一板狠狠地打。

几十大板打下去,严桐江累了,就命多连元先把石玉山关押在一间空房里,严加看管。下人厨房开饭时才有人来开门递饭,平时连大小便也在室内,以至臭气熏天。数日过去,一个棒小伙子被折腾得浑身浮肿,奄奄一息。直到这时溥仪才传出话来:将石玉山开除并立即轰出宫门自寻生路。同时赏赐多连元二百元,王庆元一百元,给这次"大不敬"事件画了句号。

九　给未来的儿子先填卖身契

当年国民党报刊上,曾流传过若干谭玉龄的小道消息,大抵是说谭玉龄到溥仪身边来"负有重要使命",且从一开始就被日本关东军司令部注意了;溥仪的"帝室御用挂"吉冈安直中将专门训练了若干女特务,并把她们安排在谭玉龄的周围,把"贵人"的一举一动都监视起来,控制起来,禁绝她与婉容"皇后"见面,连溥仪与"贵人"相会也觉得不方便。有的文章更就此发挥,编造故事的细节:"他他拉是一位坚定而沉默的人儿,带着一副温柔雅

帝位繼承法

第一條　滿洲帝國帝位由康德皇帝男系子孫之男子永世繼承之

第二條　帝位傳帝長子

第三條　帝長子不在傳帝長孫帝長子及其子孫皆不在傳帝次子及其子孫以下皆仿此

第四條　帝子孫之繼承帝位先嫡出帝庶子孫之繼承帝位以嫡子孫為先不在傳庶孫

第五條　帝子孫皆不在傳帝兄弟及其子孫

第六條　帝兄弟及其子孫皆不在傳帝伯叔父及其子孫

第七條　帝伯叔父及其子孫皆不在傳帝最近親之叔父及其子孫

第八條　帝兄弟以上同等內先嫡后庶先長得幼

第九條　帝嗣精神或身體如有不治重患或有重大事故時得經參議府依前敘條更易繼承之次序

第十條　繼承帝位之次序概依實系

附則

本法自公布日施行

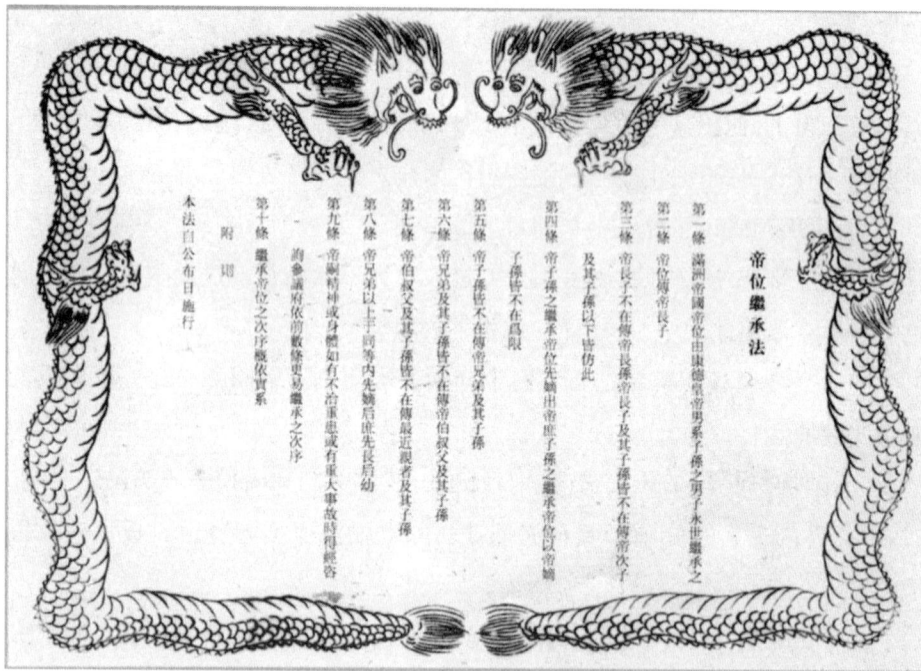

1937年3月1日伪满洲国颁布《帝位继承法》

静的东方女人性格，她并不直接去跟那些特务们摩擦，相反的，她以礼貌和感情来笼络那些女妖精。她很能赢得她们的崇敬和同情，最后甚至使这些硬心的女特务们在吉冈的面前都尽量地维护她，还有几个女特务因她而遭到了惩处。这就是他他拉成功的地方，一个十几岁的少女，每天和敌人的间谍群生活在一起，而且还能用软性的手段把她们击败，这不是一件简单的事情，我们应为中国伟大的女性而骄傲。"

　　事实上，谭玉龄入宫后能够常常与之接触并可以在她身边逗留的，主要是溥仪的几个妹妹：二格格韫和、三格格韫颖、四格格韫娴、五格格韫馨，以及弟媳嵯峨浩、她自己的婶娘，还有内廷几位"学生"的妻子——叶乃勤、叶希贤、杨景竹和谭玉龄的老师陈曾榘的几位侄女等，再就是乳母二嬷、仆妇大周妈这些下人了，并没有什么吉冈安直派来的"女特务"之类。谭玉龄的这些女伴对"贵人"都有好评倒是真的，但这只能说明她的个人品质、性格和风度颇有优秀之处，而不能以所谓"软性手段"作解释。至于禁绝谭玉龄与婉容见面，那是溥仪的决策，这位伪皇担心他的新"贵人"会从"皇后"那里寻风摸底，揭开他后宫生活的真相，并进而打破他虚假的尊严。

日本人不曾派女特务纠缠谭玉龄，这并不等于说自从"贵人"入宫，他们就不打主意了，就放任不管了，完全不是这样，他们实有更大的阴谋。

自一九三六年三月至一九三九年九月在任的日本关东军司令官植田谦吉，批准谭玉龄跨入伪宫门槛之后，仍通过吉冈安直密切关注她的一切活动。当时获悉"皇上"真心喜欢"贵人"并经常在"贵人"的卧室里过夜这一情报之后，立即制定了一项关于"满洲国皇太子"培养办法的规定，这可是千真万确的。

溥仪自述这一段史实说，日本关东军把他未来的儿子的问题当作念念不忘的一件重要的大事情。之前制定了《帝位继承法》，那是以溥仪生不出儿子为前题的，其内容是采取"李代桃僵"的方法，让溥杰与嵯峨浩未来的混血儿子继承帝位，以便使日本与伪满的"混血"关系更加亲密，继而又以溥仪一旦生出儿子为前提制定新法。溥仪说[1]：

> 如果我有了儿子的话，他们也可以从中得到"稳抓稳拿"的办法。那就是在植田谦吉当关东军司令官的时候，曾派那个吉冈安直对我讲，如果我将来有了儿子，那么当他长到六七岁的时候，就必须送他到日本去留学，绝对不能让他继续留在我的身旁，受我的抚养与教育。并且还煞费苦心地编出美词丽句打掩护说：日本天皇的太子（所谓东宫太子）也是从小便不在他的父母身边教养，而是派定专人担任他的教育，以及生活起居等一切工作。并说，惟其是这样，所以才会得到特别的教养而

---

① 引自溥仪 1958 年在抚顺战犯管理所写的自传（油印本）。

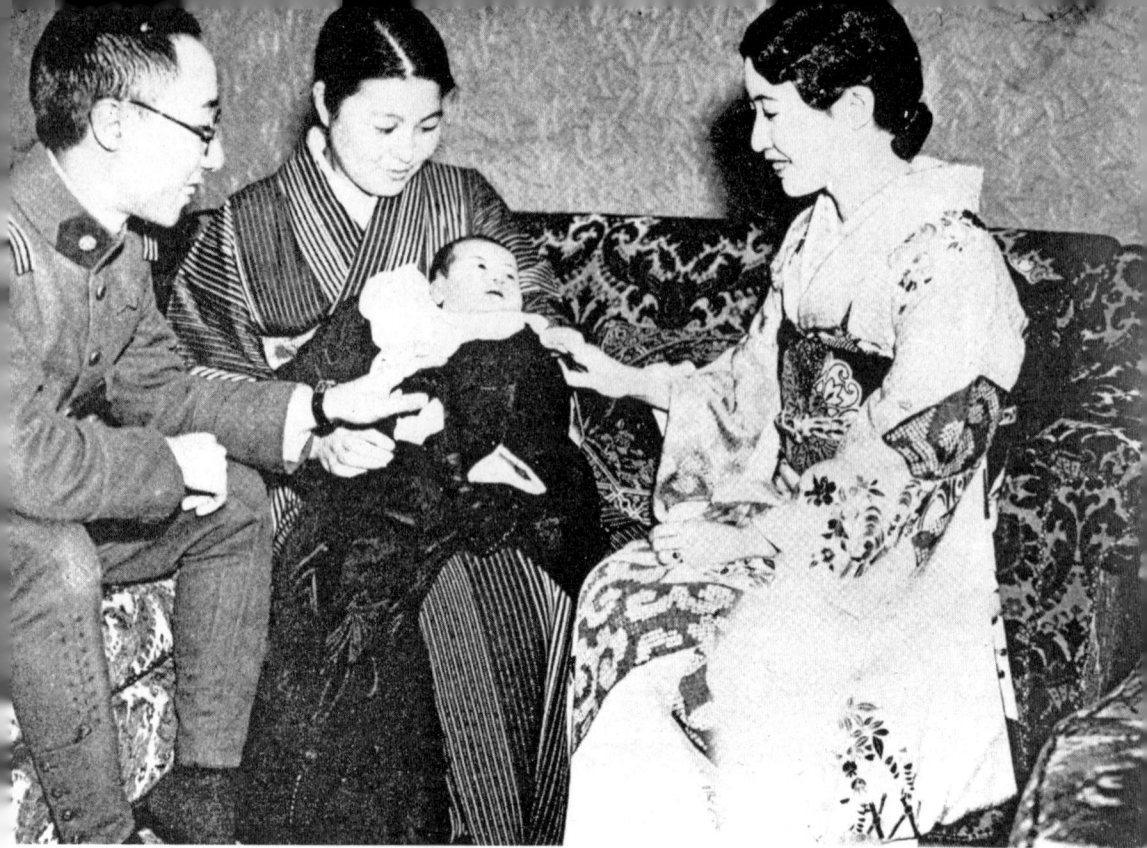

嵯峨浩生下溥杰的长女慧生

能成为将来继承天皇的适任者。因此，"满洲国"也必须效法日本皇室的办法才行。

回想这件事时溥仪极为愤怒，因为吉冈安直当年不仅用嘴说而已，还要立据为凭，让溥仪承认并签名画押，不许反悔。溥仪还说，日本关东军的这一伎俩早在伊藤博文时代就施用过，那时把前朝鲜国王的儿子李垠从小就送到日本加以奴化教育，年龄既长，又把日本皇族梨本宫的女儿嫁给他，以便让他们的混血儿继承朝鲜国王的王位，从根本上深化朝鲜殖民地的程度。溥仪看透了这套把戏，在后来的改造年代里愤怒指出，幸亏伪满垮台早，并且他也没有儿子，否则他一个人当汉奸还不够，又要搭上儿子，因为植田谦吉在他刚册封"贵人"的时候，就逼迫他给能否降生尚属未知数的"儿子"先行填好"卖身契"，真岂有此理！

十　无可排遣的苦闷

从人类生理的观点看问题和从溥仪的身体状况及生育能力方面看问题，这是一般和具体的问题，它们有时会是完全不同的两码事。如果植田谦吉能从这后一码事上及早掌握准确情报的话，他或许可以不那么着急地制定关于伪满"皇太子"的"培养办法"了。这是因为溥仪没有生育能力，他既生不出儿子，也生不出女儿，今天这已是尽人皆知的事实。

周君适的妻子和妻妹，亦即谭玉龄的老师陈曾榘的侄女们，婉容的老师陈曾寿的女儿们，也都有机会接触谭玉龄。周君适在回忆录《伪满宫廷杂记》中讲过这样一件事，反映了藏在谭玉龄内心的无可排遣的苦闷：

> 宫中上上下下都认为溥仪和庆贵人（即祥贵人）感情最好，远非婉容、文绣可比，但事实并不如此。有一次，大公主的儿媳和两个亲贵内眷陪庆贵人打麻将，大家交口奉承贵人的福气大。谭玉龄却板起面孔，半晌叹了一口气说："我还不是守活寡？"原来溥仪的寝宫在缉熙楼内，白天在一起说说笑笑，晚间仍各自回房。

虽然溥仪也经常从那处连通楼上和楼下的小型室内楼梯走下去，并在谭玉龄的寝宫中同床过夜，却无能满足作为妻子的正当要求。据伺候过谭玉龄的女仆大周妈讲，"贵人"苦闷极了就躺在床上捶枕头，捶着捶着还自言自语说开话了，什么花呀月呀的，大概在背诵哪首诗——显然是描写闺中怨妇怀良人的唐诗一类。大周妈继续说，"贵人"太内向，不愿暴露深层的思想感情，可这回于无意之中让女仆们瞧见了，很以为难堪，遂临时在用人中间立了一条规矩：谁要敢出去瞎说，就把谁轰走！这"规矩"挡得住人们的嘴，却挡不住"贵人"那血肉之躯中涌动的情潮。

一九八一年我访谈时杨景竹还讲了一件事，当时都以为是笑谈，现在看来完全反映了谭玉龄的苦闷心理。杨说：

> 我生下第一个孩子以后进宫首先叩见皇上"谢恩"，然后又去给"祥贵人"请安。我见"贵人"脸上呈现出一种异样的神情，她似乎是带点苦笑地向我表示祝贺，说出一句"大喜啊！"那天我整整在宫中待了一天，陪着贵人说话。记得她问我：
>
> "生了孩子身体还好吗？"
>
> "还好哇！没落下什么毛病！"我答。
>
> "你胖了呢！"
>
> "平时喝姜汤，吃补品！"
>
> "奶够吃吗？要不要喂？"
>
> "现在还够吃呢！"
>
> 这时，贵人若有所思地自言自语道："生小孩子这种事我今生算是不能了……"
>
> 贵人这句话给我的印象很深。回家后记得我曾和别人谈起这件事，大家都笑了。我三嫂竟把那话完全看成是笑谈，反驳似的说："叫你来干啥呢？还不是要让你生个太子吗？"

那几年，溥仪每天晚上都让毓嵒给他注射性刺激补品，据内廷司房留存的记录，仅在一九四〇年七、八两个月内，就从北京和天津购进制首乌八斤，强力男性荷尔蒙安达罗司镇西药五十打（六百支），且都是溥仪亲下手谕置办。可见这位"皇帝"是多么盼望"贵人"能给他生下龙子！无奈却是瞎子点灯——白费蜡。

十一 "皇后"和"贵人"

谭玉龄和婉容共居一座不过二十米长的缉熙楼东西两侧，达五年之久，竟隔绝如天涯海角，也是一段天下奇闻了。

谭玉龄是个典型的满族姑娘，白净的脸蛋，细腻的皮肤，说话声音文静而略显低沉，溥仪很喜欢她，心情显得十分愉悦。她在宫中也深居简出，不轻见人。溥仪白天把她关在房里，外面加锁，要等他办完公事后，回来才解锁开门。

1935年4月2日，溥仪首次访日抵大连港，改乘御召舰前往日本。

这段话见刊于一九四〇年七、八月间国民党统治区的报纸上。

外界流传的说法其实是并不知情的执笔者猜测的。就连早已恩断义绝的婉容，溥仪也仅以软禁因之，并不曾在门外加锁，而对于情有独钟的"贵人"，又岂能以铁锁相加？事实上，谭玉龄完全可以自由支配在内廷的活动，惟有一样受到溥仪严格禁止，那就是与婉容见面。如果说文绣曾经是婉容在情场上你有来言我有去语的对手，则谭玉龄仅仅是留在婉容心灵上和想象中一闪而过的黑影罢了。自谭玉龄进宫的一刻起，婉容再也不能从溥仪那里分享一丝一毫的爱。据嵯峨浩记述，连溥仪一九三五年首次访日期间，"御木本"献给婉容"皇后"的珍珠项链，也戴在"贵人"的脖子上了，这当然不会是"皇后"的赠品。

谭玉龄对婉容的悲惨处境深表同情，终于有一回忍不住在溥仪面前提起"皇后"。她以劝解的口吻说道："皇后陪伴皇上多年，皇上应以德报怨，玉龄愿为皇后求情，请皇上开恩赦免她的过错！"

"你年纪尚轻，知道什么？休要在朕的面前多嘴！"溥仪显然已经生气了。

"皇上莫恼，原谅玉龄不懂事理。"

"快退下，退下！"

溥仪第二次访日，1940 年 6 月 26 日 11 时 30 分到达东京车站，与裕仁天皇握手。

　　溥仪挥挥手,让跪在地上流泪的"祥贵人"回房去了。"皇后的过错"——谭玉龄这一用语的内涵是什么?莫非她也听说了后宫的传闻?是谁嚼舌头?也许是"贵人"自己瞎寻思?不过应防患于未然,溥仪遂命"总管太监"严桐江把能够接触"贵人"的太监、老妈子和侍女等都找来,亲自加以训诫,不准他们多嘴多舌。

　　一场风波过去了,而婉容对有人为她说情的事却毫无所知。但"皇帝"又册封了"贵人"这事到底也没有瞒过她。"皇后"虽然患了精神病,多数情况下还是清醒的。她觉得奇怪:不久前报上还大肆宣传,说"皇上"是中国有史以来第一个打破一夫多妻制恶习的现代青年,怎么数日之内又有新人进门?她一如既往地抱有排斥的态度。为此也曾询问过继母恒馨,她还根本不知道谭玉龄就是由这位继母引到"宫"里来的。继母只有安慰她,溥仪的二妹、三妹来看她时也异口同声给予抚慰。很久以来婉容还能记起三格格的声音,她说就像养在窗边的鹦鹉的叫声,听起来虚幻而朦胧。"你到底还有什么不满足呢?作为皇后,你受到国民的尊敬,过着荣华富贵的生活。虽然没有孩子,但那是因为你感情淡漠。皇上是慈悲善良的,你这个样子,他也没说什么,而且为你提供舒适的生活条件。"

　　有一天,二格格和三格格在"皇后"面前闲聊。话题时而放在谭玉龄身上,时而又转到嵯峨浩身上。在他们看来,"皇后"是病人,也无须加以解释。

　　"她好像怀孕了。"

　　"我看着也像,应该提醒她注意才好。"

　　婉容听着,以为是新册封的"贵人""怀孕"了,为此受了很大的刺激。从那以后,每当"皇帝"的寝宫深夜响起惩罚人的打手板或抽鞭的声音,"皇后"便走出房间屏息倾听,她想知道挨打的是不是"贵人",由此又不能不联想到自己不幸的遭遇……然而,几天之后婉容就得知,二格格和三格格所说的怀孕是指嵯峨浩,而不是说"贵人",她的心绪又平复下来。

　　一九四〇年六月,日本关东军司令官要求溥仪第二次访日,让他把日本天

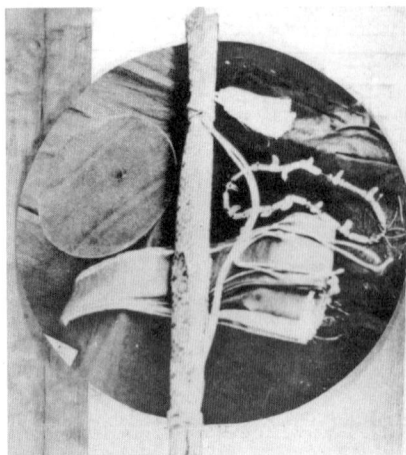

结束第二次访日行程，溥仪带回代表"天照大神"的三件神器：宝剑、勾玉和铜镜。

照大神迎到满洲来供奉，对此，"康德皇帝"满心不愿意又不得不为。风传说溥仪也把想办的一件事带到日本，他曾向裕仁天皇谈及家庭问题，仍希望正式与婉容离婚，以便让谭玉龄坐到皇后宝座上。结果被婉拒，溥仪为此还在会见结束返回住处的车中痛哭一场。

"皇后"和"贵人"一面未识，也有无尽的恩恩怨怨……

1940年7月15日，"建国神庙"落成，溥仪"沐浴斋戒"后接受神官的"修祓"，极不情愿地把天照大神当作自己的祖宗加以供奉。

十二　生离死别的凄惨一幕

溥仪说他用谭玉龄惩罚了婉容，也因为谭玉龄给自己带来的精神安慰平复了心灵的创伤。这位政治上屈辱的"皇帝"，终于从"贵人"身上获得爱情，度过了几年快乐时光，脸上常见笑容，发脾气的次数也显著减少。

不过，谭玉龄身体不佳，平时离不了宫中侍医，一年四季药不离口，但也没闹过大病。忽然灾难临顶。谭玉龄在一九四二年的夏秋之际病重，先是口内干渴，大量饮水，继而卧床不起。老妈子和侍女们不断报告溥仪说，"贵人"尿血了。

溥仪派他的两位中医大夫佟阔泉（字成海）和徐思允（字莙雪）去给谭玉龄诊脉，还让他们开了药方先行呈送。溥仪不放心，要亲自过目，凭借粗通中医知识的本领，对药方加以增减修改。据当时贴身伺候溥仪而详知内情的毓喦说，因为佟阔泉是北方大夫，

黄子正在"新京"大同医院门前

开的药方剂量大，而徐思允是南方人，其药方剂量又特小，所以溥仪要对两方中若干味药的剂量加以调整。溥仪这样做的利弊未可知，但那里面的一颗爱心可见。

经中医治疗未见好转，溥仪又指派西医黄子正继续诊治。这位黄医生一九一九年毕业于台湾总督府立医学专门学校特设科，曾在孙传芳部任上

电影《末代皇后》剧照："祥贵人"病危（姜文饰演溥仪、傅艺伟饰演谭玉龄）

尉军医，先后在福州、杭州、上海等地行医，因治愈了谢介石①的一个姘头，而与伪满发生联系，从一九三二年起在长春市开设大同医院，其间由谢介石介绍治愈了溥仪的脚气病，从此常常得到溥仪赏赐的金钱和物品。到了一九三六年因收入不佳，拟歇业返籍，正好这一年溥仪患皮肤病，在大腿内侧起了一条红线，又找来黄子正治好了。为此溥仪一次赏他七千元，让他继续在长春开医院，三个月后他干脆将医院停办，每天入宫候诊，给溥仪及内廷各色人等看病，实为溥仪的专用西医。伪满垮台，溥仪出逃，把他也带上了，结果又跟溥仪蹲了十多年的监狱，这是后话。

谭玉龄又经黄子正一番细心诊治仍不见好，溥仪才慌了手脚，一面命针灸大夫林永泉实行针灸治疗，一面再命黄子正联系高明的西医大夫。

---

① 谢介石（1878—1946），台湾新竹人，伪满洲国第一任外交部总长，是台湾人在伪满时期获得最高官衔的一位。

谭玉龄病重以后神志还是清醒的，溥仪多疑，总以为她这病与看见了什么人有关，或者故意瞒了他什么事，遂不顾谭玉龄在病中，一遍遍地追问她"看见谁了"。谭玉龄流着泪告诉她的"皇上"说："玉龄真不曾看见谁呢！"溥仪这才相信，而他的"贵人"病势日渐沉重了。据守候在谭玉龄卧室外的毓喦讲，"贵人"从昏迷中醒来，看见坐在床边的溥仪，第一句话就问："皇上进膳了没有？吃的是什么？"溥仪闻此顿时泪如泉涌。又据嵯峨浩说，谭玉龄病危之际，不但没有忘记"皇上"，也没有忘记并无一面之识的"皇后"，她的最后几句话渗透了中国传统的"妇德"："非常遗憾，我一次也没有见过皇后，还没有侍候过皇后，谨请宽恕吧！"谭玉龄垂泪说完她想说的话，又昏迷过去。

这时，黄子正请来了伪满新京市立医院的日本西医大夫，同来的还有一位女护士，经溥仪同意立即给谭玉龄注射并输血，血液是护士从医院中带来的。与此同时，溥俭、溥俣、毓喦和毓嶦等几个内廷学生都聚在谭玉龄的卧室外，以应差遣，溥仪也一直守候在侧，指挥救治。这是一九四二年八月十二日的晚上。

夜已深，抢救仍在紧张进行。吉冈安直出现了，他命令日本医生立刻到"宫内府"候见室来，两人用日语谈了许久，才让医生继续抢救，但在场的人都感到已经不那么紧张了，未再注射，也未再输血。过了约一个时辰，医生提出需给病人导尿。因为这样做势必暴露肌肤，溥仪考虑"皇帝的尊严"，坚决不允许，日本医生随即带着护士离去。

濒临死亡的"贵人"，再也没有说出一句话，再也未能从昏迷状态中醒转过来。眼看大势已去，溥仪不愿亲见他心爱的人撒下自己的场面，怀着深深的悲痛回到自己的寝宫。当时，谭玉龄安详地仰卧在床上，一条崭新的绸制夹被覆盖全身，只露出一头乌黑的秀发和一张苍白的脸。

遵照溥仪的嘱咐，溥俭、溥俣、毓喦、毓嶦和针灸大夫林永泉等在场的几个人，走近谭玉龄的床前，面向"贵人"，合掌默诵佛经，为这位不幸的女人超度。不久，谭玉龄呼出最后一口长气，继而从鼻孔流出两条细细的鼻涕，闭上还在流泪的双眼，就此默默告别人间。这是一九四二年八月十三日凌晨。

第三章 “贵人”之死

一 谭玉龄是被害死的吗?

溥仪处理政务的办公楼 “勤民楼”

谭玉龄之死,因溥仪的怀疑而被蒙上一层浓重的迷雾。

溥仪确信他的“贵人”是被吉冈安直害死的。他的理由如下。第一,谭玉龄的病经中医诊断为伤寒,并非险症,中医对此完全有把握。继而又经日本大夫诊断为粟粒结核症,也不属于致命的急症。然而,她连一个晚上都没有过去就突然死亡。第二,日本医生开始治疗很热心,注射,输血,非常紧张地投入抢救。不早不晚,吉冈安直就在这时候出现,把日本医生叫到候见室内,关上门谈话达三个小时之久。这不能不令人生疑:为什么一定要在抢救病人的紧张时刻把医生找出来谈那么长时间的话呢？在"帝室御用挂"和一位医生中间还能有什么比抢救更重要的事情呢？而且，经过谈话，日本医生再无治疗热情，不再注射和输血，变成了消极和应付。第三，当天夜里吉冈安直干脆住在勤民楼内，不断让日本宪兵打电话给日本医生带来的护士，密切关注谭玉龄的病势发展，直到获悉"贵人"的死讯才迅速离去。第四，谭玉龄咽气未久，遗体尚温，吉冈安直已经代表关东军司令官来向溥仪吊唁了，表示"深切的悲痛"，眯缝着的三角眼里，也几乎洒出了几滴同情的泪水。不仅如此，他们还带来了由关东军司令官兼驻满全权大使梅津美治郎大将亲书挽联的大花圈，溥仪越发感到奇怪：他们怎么预备得这么快呢？

众所周知，此前曾发生过溥仪与德王议论日本人的私房话被吉冈安直获悉的事件，溥仪由此怀疑日本人在宫中各个房间都安装了窃听器。谭玉龄之死或许也跟窃听器有关吧！溥仪愈寻思愈觉得有鬼，他回想起谭玉龄生前常常跟他谈论日本人，谈论她耳闻目睹的日本人欺压中国人的情形，以及她从北京来长春沿途所见日本人横行霸道的种种事例。即使这类谈话未被偷听去，吉冈安直也有理由对谭玉龄下毒手，因为他显然很需要谭玉龄占据的这一块空间。溥仪回忆说，谭玉龄尸骨未寒，吉冈便拿来一堆日本姑娘的照片让他挑选作妃。溥仪拒绝了，他说谭玉龄刚死，他很悲痛，无心谈论这类事。吉冈却说，正是为了解除陛下的悲痛，才想到要早日办好这件大事云云。不过，溥仪已经认准了一条：说什么也不能替日本关东军把耳目安到自己的床上来。他顶住了。但过不多时，吉冈又拿来一张旅大某中学女学生的照片，溥仪起初想同意，但二妹韫和不赞成，认为选这样的女人跟选日本女人也没有很大区别，遂再度拒绝。数日后，吉冈又领来一位女教师，是纯粹的中国人，溥仪仍未看中。总之，只要是吉冈插了手的，溥仪宁疑不信，也无论她是日本人还是中国人。

溥仪的怀疑是当时就有的，他曾跟四妹夫赵国圻谈过这件事，四额驸在回忆中写道：

谭玉龄死后溥仪一直闷闷不乐，大约送葬过后一个多星期，他的心情稍稍平息后我去看他。那天，他坐在客厅沙发上，见我进来就悄声说："我怀疑她是被日本人害死的。你看，她死在小野寺来的当天，而且是在吉冈与小野谈话之后，你说这里面难道没有关系吗？"溥仪的音调里依然充满着伤怀之情。我同意他的看法，种种迹象表明，谭玉龄死得确实有些蹊跷。"唉……"溥仪一声长叹吓了我一跳。我从他凄楚的眼神里看得出，他压抑的内心似乎有数不清的千言万语。[1]

四额驸赵国圻的回忆中提及的"小野"即当年满铁医院院长小野寺，也就是抢救谭玉龄的那位医生。有一说认为，小野寺并不是黄子正请来的，而是吉冈安直带进宫里来的，如此说来，对于谭玉龄之死，日本关东军就更不能脱离干系了。不但四额驸赵国圻相信溥仪的怀疑，连兄弟媳妇嵯峨浩也说"皇上这样想也是有一定道理的"[2]。

溥仪的族侄毓嶦也多次回忆谭玉龄死时的情形，据我一九八一年访问毓嶦先生的笔录，他与溥仪有同样的怀疑，而说法略有差异，重要的是他曾指出：谭玉龄入宫之前，溥仪就得罪了吉冈。他说：

溥仪的第三个老婆叫谭玉龄（初封"祥贵人"，死后封"明贤贵妃"），身患膀胱炎，引起臓症。经吉冈推荐满铁医生小野寺院长前来治疗，据说，小野寺来时和吉冈在内廷候见室谈了一小时的话。然后进入内廷缉熙楼楼下贵妃玉龄的寝室诊治。不料经注射后不到天明即行死去。人们都说玉龄之死是吉冈下的毒手。因为早在婉容精神失常以后，吉冈就向溥仪提议选择一个日本女人入宫。溥仪推脱说已在北京选好，不久即将接来，

---

[1] 赵琪璠（赵国圻）：《我从台湾归来》，群众出版社，1991年，第92页。
[2] 爱新觉罗·浩：《流浪王妃》，北京十月文艺出版社，1985年，第60页。

这就是谭玉龄。吉冈当时虽然不满，但属于溥仪私事，吉冈也不便过分干涉。恰好玉龄有病，遂下此毒手。玉龄既死，吉冈向溥仪又提前议，他给溥仪找来不少日本女人相片，让溥仪选择。但溥仪推脱说，将来找一个日本女人，应当慎重一些，因为这是两国关系，现在暂时先在长春找一个。因此，吉冈将李玉琴选进宫内。①

跟随溥仪多年的随侍严桐江对谭玉龄的死也持怀疑态度。他的档案资料中有这样的记载：

关于谭玉龄之死，这是使人很可以怀疑的事情。谭玉龄本来体质很好的，但是得了感冒以后，经过侍医佟成海的诊治，据说已有一些效果。不知什么理由，吉冈又带进去满铁大夫（当时是经过溥仪许可的），又为什么在夜间人们就寝后注射，注射后大夫即匆匆离开内廷，几小时后谭玉龄即死亡。由此我们推测：当时的"日满结婚"首先在政府机关中出现，以后又在溥仪侄辈学生中劝告娶日本女人，也可能劝溥仪娶纳日本女人（没听溥仪说过）。由此可以想到，这是日本人的大阴谋，溥仪如果纳了日本女人，所生的子女无疑问将来是要继承满洲皇帝的，中国的东北领土，不是就归日本了吗？②

溥仪的族侄毓嵒也讲述过谭玉龄从患病到去世的经过。他说：

一九四二年夏，谭玉龄患了起初并不怎么严重的病，可能是感冒吧，溥仪就让侍医佟成海和徐思允分别诊脉、开中药方。据溥仪评价：佟成海是北方人，他开的药方剂量大，有"佟一剂"之称；徐思允是南方人，

① 引自笔者 1981 年访问毓嵣先生的笔录。
② 引自严桐江的档案资料，未刊。

他开的药方剂量特别小。溥仪也懂点中医医理，所以他把佟、徐二人给谭玉龄开的药方加以增减，再根据改定的药方，派随侍严桐江从缉熙楼二楼当中那间内廷中药库房，照方抓药，在茶房煎好，呈送谭贵人服用。多日不见效，溥仪又让一名针灸大夫（名字我想不起来了）作针灸，也不见效，后来就让西医黄子正治疗，黄把新京市立医院的日本内科医生也找来了。当时谭玉龄的病情已经很严重，溥仪也感到恐慌，就把我和溥俢、毓嶦等几个学生叫到谭玉龄卧室外屋，准备出人参汤，备谭服用。

就在这时，我们在窗前看到市立医院那个日本医生和两名护士被带进内廷，到谭的病床前诊断治疗。过了半天，说是要输血，于是就看到一名护士在我们待的那间屋中，躺在椅子上，另一名护士从她臂上抽血，然后拿到谭的卧室给她输血。医生护士正忙着输血时，在宫内府勤民楼候见室的日本关东军中将参谋、帝室御用挂吉冈安直，让内廷司房毛永惠把日本医生从缉熙楼找到候见室，谈话很长时间，才让日本医生回到缉熙楼谭玉龄的卧室来。我们亲眼看到这个日本医生给谭诊治，与刚来时的态度和情况已经大不相同了。先前是紧张、忙碌、热心，现在却不慌不忙，也完全没有热心了。给谭玉龄输血时，我在外屋还听到谭在里边说："给皇上做的菜弄好了没有啊？"后来就听那个日本医生说，要给谭玉龄"导尿"，还征求溥仪的意见，未获允许。过后，谭的病情已经是奄奄一息了，溥仪便离开谭的房间，返回楼上寝宫去

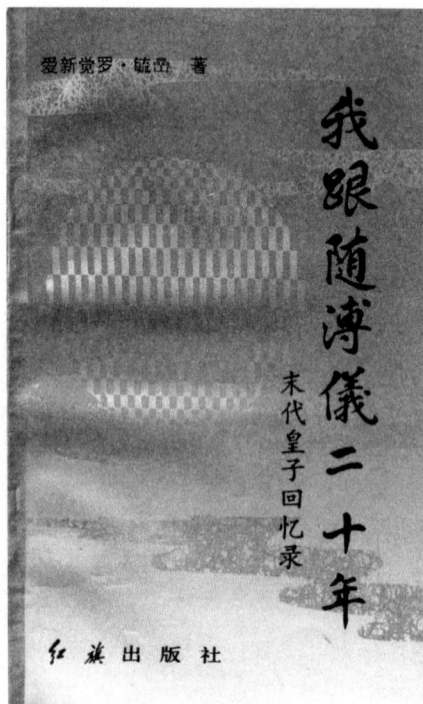

爱新觉罗·毓嵒 著

我跟随溥仪二十年

末代皇子回忆录

红旗出版社

毓嵒的回忆录《我跟随溥仪二十年》

了。临走还叫我们少数几人与那名针灸大夫，进入谭玉龄房间，围立在她的床前，合掌诵读佛经，祈祷佛能保佑她转危为安。我感到，溥仪当时让我们这样做，是对我们的特殊"恩典"和最大信赖，我诚心诚意地合掌默诵佛经"咒语"，祈祷谭"贵人"病体速愈。但这唯心主义的幻想，终究不能变成现实。就在我们默诵经咒之际，忽见卧床的"贵人"，闭着眼睛伸出手来，往下推盖在身上的黄色面、红色里的被子。伺候她的"妈妈"，当即再给她盖好。随后就看到从谭玉龄鼻孔中流出两行鼻涕，"贵人"就这样与世长辞了。接着，日本医生和护士又给死者注射了什么药（据说是防腐剂）。我们随即退出，上楼进入溥仪的寝宫。

对于谭玉龄之死，溥仪的另一位族侄毓嶦也有自己的说法，他说：

有关谭玉龄的死众说纷纭，而归结到一点，则不外乎是被日本人害死的。甚至于溥仪在日本东京"远东国际军事法庭"上大声控诉："连她，也遭到了日本人的杀害！"可是，当叫他提出证据时，他没辙了，凭想象是不行的。反过来，我要说"谭玉龄不是被日本人所害"也没有证据，但是，如果反问一句，"她若不找日本医生治病，是不是也得死呢？"对此可以回答说"十之八九得死"。何以见得呢？我先简单回答一句：要是不到"死马当活马医"的地步，溥仪也不敢去找日本医生。

讲谭玉龄的死，不好讲的地方在于搞不清她究竟是死于什么病。溥仪在他《我的前半生》一书中说："据中医诊断说是伤寒，但并不认为是个绝症。"不是绝症，就让中医接着治吧，为什么又要找日本医生，岂不是送死吗？溥仪说谭的死"对我至今还是个谜"。她究竟得了什么病？我看倒真是个谜。

谭玉龄的病，据毓嶦的妻子说是"便血"，可能是肾脏有毛病，但溥仪没有找西医诊断，不仅是不敢找，也不大相信西医。长春伪宫内府里给皇帝看病的医生叫"侍医"，全是中医，没有西医，可能是延续清宫太医院的传统。当时给谭玉龄治病的侍医叫佟成海，号阔泉，是太医院医生，外号叫"佟一剂"，夸奖他开一服药就能治好病，这是因为他诊断准确，敢于下药，药到病除。谭玉龄吃佟侍医开的药，几服下来就不便血了，这当然只是肉眼观察，不能认为痊愈。

依我看，问题还是出在溥仪身上，他的毛病是乱改药方，大夫给他看病，开了药方，他得改一改才能抓药。据说在天津时即便最有名的大夫——萧龙友给他开的药方，他也得改一改，简直成了毛病。一般头疼脑热还无所谓，像谭玉龄便血的病，乱改药方就要误大事了，她服药才好一点，刚不便血了又给换个大夫。

溥仪另一个侍医叫徐思允，是半路出家的大夫，南方人，开药都是"平安药"，剂量轻，没有病吃了也行，溥仪特别相信他。就换徐侍医

溥仪的回忆录《我的前半生》

给谭玉龄看病，吃他的"平安药"，溥仪放心，实际不治病，反而耽误病。过些时候"便血"病又犯了，更厉害了，又回头找佟侍医看，佟侍医对症下药还得经溥仪给改，换一两味药或是减些分量，佟侍医知道了也不敢说，不敢表示异议。

就这样两个来回，谭玉龄就病入膏肓了。她病得厉害时，两名女佣伺候不过来，就叫学生家属来帮助护理，现在，人已危在旦夕，又添上我们几个学生来帮助护理。平时我们是绝对不能见到谭玉龄的，这会儿她已经不认得人，不能讲话了，好几天水米不进了，溥仪也就绝对放心叫我们学生来伺候她了。

现在哪个侍医也不灵了，中医还有最后一招——灌独参汤，就一味老山参，好像西医注射强心剂，延缓病人咽气。那时溥仪的小药库里还存有几盒真正的老山参，一支有一二两重，要是留到今天，价钱可就过万了。

病人已经到了前面我讲的"死马当活马医"的时候，溥仪这才敢找日本人医生，长春市立医院院长姓小野寺，名字忘记了。我也找他看过病，大概有六十多岁，是日本九州医科大学老教授，同来的还有副院长，也是日本人，姓桥本名文元，还有几名护士。小野寺诊后就决定输血，输的就是同来一位护士的血。

小野寺是溥仪叫其私人医生黄子正请来的，可是，伪宫内府内有日本关东军"驻府宪兵室"，大概马上报告了"帝室御用挂"吉冈安直。他当即赶来并在伪宫内府候见室与小野寺医生谈话很久。第二天，谭玉龄就香消玉殒了。如果小野寺真做了什么手脚，害死了谭玉龄，我想是瞒不过那几位护士的，她们跟我年岁差不太多，要是有人健在的话，大概也得八十岁上下吧，她们是最有发言权的。[①]

---

① 爱新觉罗·毓嶦：《爱新觉罗·毓嶦回忆录》，华文出版社，2005年，第25~26页。

关于谭玉龄的死因，各位亲历者说法种种。

一种说法是日本人害死的。溥仪就曾在"远东国际军事法庭"上高呼是日本人害死了谭玉龄。当谭玉龄患伤寒病重时，溥仪请来了新京市立医院院长小野寺诊治。检查过后，就给谭玉龄打针，输血，忙个不停。令人生疑的是，治疗中，吉冈安直来了，与院长小野寺密谈很久，继而再给谭玉龄打针吃药，第二天一早谭玉龄就死了，年仅二十二岁。也有的认为谭玉龄本来就是日本人派到溥仪身边来当"眼睛"的，因为她没有照日本方面交给的任务去执行，结果呢，就说她生理上有毛病，因此才不会生孩子，随便给她诊病，活生生地诊死了。还有的说谭玉龄是背负着反满抗日的使命而来，因为暗自庇护了一批爱国人士而被日本方面发觉，遂下毒手，下药毒死了她。更有人说，日本方面希望早立皇储，这与其说是为溥仪考虑，莫如说是要废之害之而以幼君代长君，无奈"祥贵人"总不作茧，既不中用，倒不如牺牲她再换一个。溥仪一直怀疑日本人害死了爱妻，但就日本人害死之说至今尚未找到确凿的证据。

另一种说法是溥仪给耽误死的。当初谭玉龄患伤寒病。她得病后，溥仪先派南方御医徐思允看，徐思允是南方大夫，给谭玉龄开的是补药。溥仪见效果不明显，又派另一名北方御医佟成海看。佟成海是北方大夫，给谭玉龄开的是凉药，厉害药。一会儿温补，一会儿凉攻，谭玉龄本来就虚弱的身体是承受不住的。另外，溥仪还有乱改药方的毛病，皇帝改了就得照抓。这样一耽误，谭玉龄的病日渐严重，等到日本人来时，已无法医治了。

当时说什么的都有。奇怪的是，还有人想到疯疯癫癫的婉容身上，说是"皇后"假手日本人，想要拔除"宠爱集于一身的眼中钉"……

综上所述，在怀疑谭玉龄是被害死的人们之中，也各有各的说法，却大多认为是政治陷害。对于溥仪来说，由于地位和政治环境的关系，他显然是最敏感和最富有判断力的，令人绝无理由一笔抹去溥仪当年指出的疑点。

谭玉龄死后，溥仪追封她为"明贤贵妃"，死因成为千古之谜。

二　溥仪决定为"贵人"隆重举丧

"贵人殡天了！"随侍哭丧着脸，把这个意料之中的消息报告溥仪。

溥仪快步走进"贵人"的寝宫，在遗体旁默默地站立几分钟，然后一挥手，在场的人们便七手八脚地忙活开了。溥仪指示几名女佣给"贵人"更换寿衣，那几位诵经的男性内廷学生们则暂时退出卧室。换衣毕，"贵人"遗体被抬出缉熙楼，停放在西花园畅春轩的堂屋内。

随后，溥俭、溥僎、毓嵒、毓嶦等"内廷学生"被传到缉熙楼二楼溥仪的寝宫，每人都是泪流满面，一副悲戚之容。溥仪命他们几个人从即时起，在畅春轩堂屋外面院子里守灵。

对于谭玉龄的死，最痛苦的人莫过于溥仪，这是真的。李玉琴对此有过

昔日"福贵人"李玉琴向青年人讲述亲历宫廷史

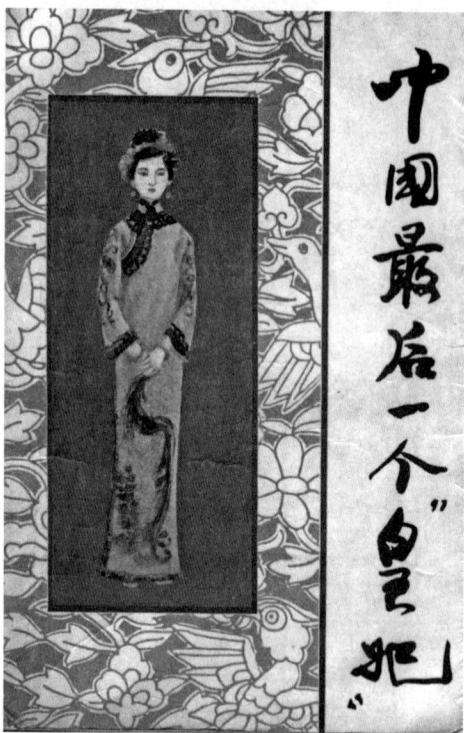

李玉琴的回忆录《中国最后一个"皇妃"》

解释，她说溥仪是因为不能在谭玉龄活着的时候给予她真正的夫妻恩爱而感到内疚，愿以悲痛赎回良心上的罪过。这里主要指夫妻性生活不和谐方面，虽然这不能不说是原因之一，但精神和感情方面深层的爱显然是更加重要的方面。

据当时任伪满国务院总理秘书官的高丕琨回忆，谭玉龄刚死，溥仪就召见伪满国务院总理张景惠和总务厅长官武部六藏说："'贵人'年轻病故，实属可怜，拟册封并厚葬，以慰我心。"张景惠和武部六藏二人诚惶诚恐恭乞"皇上"节哀，"贵人"后事一定遵旨办理，以安圣心。他们研究了册封和厚葬的具体办法，决定册封谭玉龄为"明贤贵妃"，由政府特拨十二万元为"明贤贵妃"治丧。

溥仪想来想去，惟将丧事托付七叔载涛才放心，紫禁城内的大婚、天津静园与文绣的离婚都是由涛贝勒主持，这回自然也非他莫属。当下电谕载涛，命为"承办丧礼大臣"，火速从北京赶来主持丧事。

载涛到后即组织"实行本部"，设部长、副部长。部下分设五个系，即：管理设奠和几筵前庶务的几筵前事系，管理文书、处理一切记录和对外接洽通报的文书系，管理典礼和其他行事的行事系，管理会计、购备、营缮和车辆的用度系，管理警备、消防和卫生的警卫系。每系设系长、副系长和系员。

与载涛同时被委派为"承办丧礼大臣"的，还有伪宫内府大臣熙洽、伪

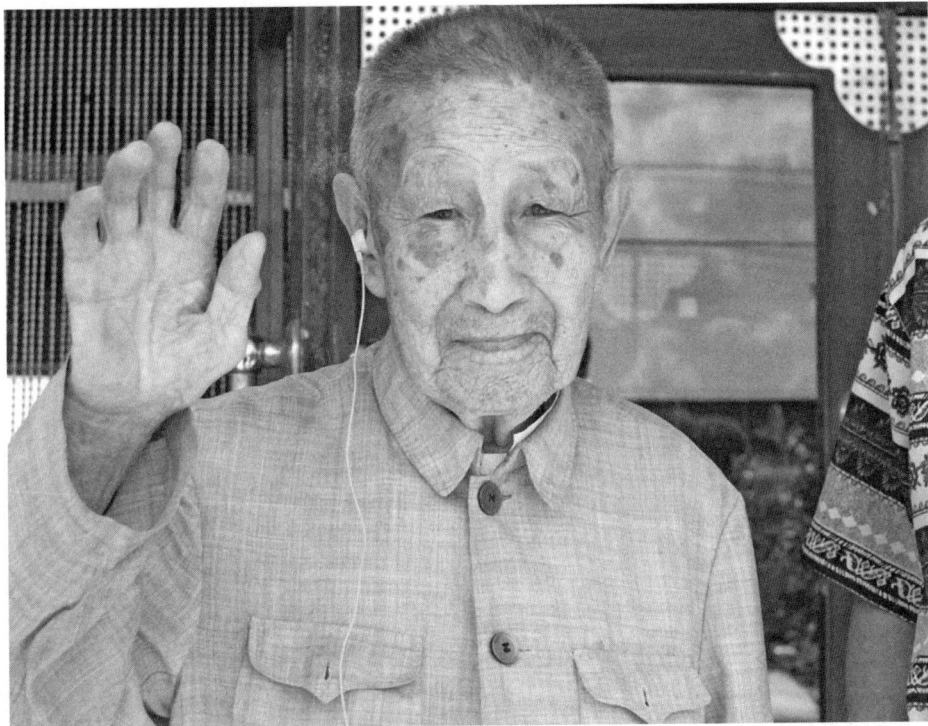

百岁老人高丕琨回忆当年情景

参议府参议胡嗣瑗以及伪宫内府次长鹿儿岛虎雄。除溥俭、溥偀、毓嵒和毓
嶦等"内廷学生"已在灵前守候之外，溥仪又命家族人员载枢、毓慇、裕哲、
恒润、润良、赵玉抚等为灵前穿孝人员。

据《明贤贵妃丧礼关系文件》明载，整个丧礼过程可以分为两个祭礼程
序和四个典礼程序，极为隆重。如果说谭玉龄入宫，因为溥仪不愿意宣扬几
乎不为外人所知，而谭玉龄出殡则闹得整个长春市无人不晓。人们正因为谭
玉龄死了，才知道"皇上"还纳过这样一位妃子。

溥仪为谭玉龄治丧的情景，其族侄毓嵒在二十世纪九十年代回忆起来还
历历在目，他说：

谭玉龄死后，溥仪为她举行了隆重的丧礼。先是给遗体穿上时装便服，随即从北京购来满族服饰为之换装，停灵西花园畅春轩堂屋。头两三天，溥仪派我和溥俣在畅春轩院内守夜，继而买来棺木，入殓后请来和尚诵经。溥仪让我和溥俣身穿重孝（即孤哀子的孝服），为谭玉龄守灵，祭拜。其间最重要的程序是追封谭玉龄为"明贤贵妃"。我的姐姐毓菊英，当时家住长春，谭玉龄生前溥仪常叫我姐姐到内廷陪伴她。"贵人"临终时溥仪又让我姐姐捧着谭玉龄头部移动尸体。后来听我姐姐说，溥仪曾对我姐姐谈及追封"明贤贵妃"的原因，说是谭在生前曾给溥仪下过跪，为婉容求情，希望"皇上"与"皇后"和好。停灵二十一天，用旧式杠房的"杠夫"，把棺抬到市内护国般若寺，还在寺庙后部盖起三间北房，专门用于停放谭玉龄灵柩于堂屋。

三 "吉安所祭祀"

谭玉龄于八月十三日死后先停灵于西花园的畅春轩，直到九月二日"奉移"。此期间的祭礼称为"吉安所祭祀"，即第一个祭礼程序。

隆重而正式的祭奠典礼，即民间所谓的"大殓"，在八月十五日午刻举行。这个时辰是经算命先生按照谭玉龄的生年"化命坤造二十三岁庚申（1920）"而批定"大殓用戊申月，庚子日，壬午时，利"。溥仪叫人给遗体更换了全套满族妇女的服装，装殓入棺，请来和尚念经。又因谭玉龄未生育，遂命溥俣和毓喦代后人身穿重孝，跪在谭玉龄灵旁，每日早、午、晚祭拜三次。溥仪的近亲等皇族成员也要依次在灵前行三跪九叩大礼，继而旁及内廷的女仆男佣。当然，这还是仅限于皇家举丧的小规模活动。

同日举行的"初奠祭礼"则表明，为一位二十二岁的"贵人"的去世，已经涂抹了一层国殇的色彩。照规定在这一仪式中，伪宫内府荐任官和同待遇以上者在畅春轩灵前行礼。另外奉置神牌于"新京"市内般若寺，政府特任官待遇以上者趋前行礼，日本方面特任官以上者也在般若寺神牌前参拜，而灵前穿孝人员在畅春轩和般若寺分班轮值。

这些祭祀的开支是相当庞大的。据"用度系预算"，从大殓到"首七"的费用就达到3092.94元。其中包括下列各项：

早、晚供桌：70.00元

午供桌：88.00元

祭肉：211.20元

面粉：5.74元

冰：4.00元

抬运金棺：34.00元

席棚：80.00元

烧活：868.00元

孝衣手工：137.00元

喇嘛早饭：22.50元

喇嘛晚饭：37.50元

旅社：45.00元

职员食费：80.00元

据张景惠与武部六藏商定，由政府特拨十二万元治丧，故费用还是足够的。到丧礼结束时还余存小麦粉十袋、白酒约四十斤，经溥仪批准分发给执事人员了，连三十六套穿过的孝服也分发了。

"三七"首日，即八月二十七日午刻举行册封典礼。

谭玉龄死后，溥仪要行使特权，对"贵人"予以册封，也是通过张景惠和武部六藏商定的。武部即命佐藤知恭查阅清朝皇制，提出册封名号的初步意见，以供"皇帝"采择。

佐藤知恭，一八七二年生，别号胆斋，日本新潟县人。他是一位很有造诣的汉学家，对中国古典文学尤有研究。早年曾在清朝做官，据高丕琨说，"领过西太后发的年给薪饷纹银几千两，还是赏穿黄马褂、蓝顶戴品级的京官。伪满成立，他以既通汉学，又通清朝帝王之学的日本人的资历，出任国务院总务厅嘱托之职，专事起草伪满皇帝的诏书和敕语，且能以清秀的工笔小楷缮写。据讲，"其为文以惟神之道为纲，日满一德一心为体，以发扬王道乐土、八纮一宇的精神建设大东亚共荣圈"，故"无人敢改一字"[①]。武部总务长官命他协助伪满皇帝为其亡故的"贵人"追加封号，当然再合适不过了。

溥仪参考佐藤的意见，决定追封谭玉龄为"明贤贵妃"，并择定"三七"首日为"吉日"举行"册封"仪式，溥仪派定册封正、副使以后，又亲自书写了"封谭玉龄为明贤贵妃"的谕旨，放入"贵人"棺内。此后一切丧礼仪注均参照《大清会典》的记载，按贵妃丧礼之格进行。

至于这次隆重的册封典礼，由丧仪"行事系"制定的实行方案保存了下来，记载其过程甚详：

（先期恭制绢册、绢宝。诹定吉日，请派正、副使二人。）

届时，正使、副使向安置册宝案前行礼毕，舁至吉安所。其次，正使奉册，副使奉宝，诣明贤贵妃灵几前，陈于案上。其次，正使宣读册文（副本），副使宣读宝文（副本）。其次，正、副使行礼奠酒毕。礼成，复命。

（正、副使以下均蓝袍、青褂。）

（焚化册、宝，于安园寝后行。）

经过宣读册文、行礼奠酒，被册封为"贵妃"的谭玉龄，在地位上提高了好几个档次，已经成为后宫中仅次于皇后的人物了，然而对于已经逝世的

---

① 参阅《长春市志资料选编第三辑》，内刊本，第50页。

人来说，不过得个名义而已。

册封典礼过后，当天又举行大祭。大祭典礼，是明贤贵妃丧礼中的主祭仪式，仍照"初奠"的规矩：伪宫内府荐任官以上者在灵前行礼，政府简任官和军职少将以上者在般若寺神牌前行礼。

内廷的大祭仪式由熙洽任主祭官。熙洽，字格民，生于一八八四年，系清朝显祖的次子、努尔哈赤的二弟穆尔哈齐的后裔，毕业于日本陆军士官学校，后在张作霖部下任职，乃至怀着复辟清朝的妄想卖国投敌，加入伪满，当时正担任着伪宫内府大臣，所以有资格出任主祭官。

原定的大祭典礼程序如下——"届时，由执事员先导随同行礼各员排班讫。其次，对引官导主祭官（熙洽）就位。赞礼官赞：跪，奠酒，三叩，兴。其次，读祝官向祭文行三叩礼毕，捧祭文于奠几右侧跪。赞礼官赞：跪。读祝官恭读祭文毕，仍恭奉于案，行三叩礼退。赞礼官赞：三叩，兴。退立右方，面向左。随同行礼人员分左右立。读祝官请文面外正中立，出至燎池，主祭官随行。焚祭文。主祭官跪，奠酒，三叩礼毕。礼成。"

八月二十八日举行绎祭。所谓绎，也是祭名的一种，主要指大祭第二天再祭之礼，此礼周代以来就用。溥仪给他的"贵妃"沿用此祭，真可谓厚重。

启奠典礼，就是在起灵之前焚烧死者衣冠的仪式，由溥杰任承祭官，在九月一日举行。这次典礼的原定方案如下——"届时，对引官导承祭官（溥杰）至灵几前就位。其次，承办丧礼大臣五员序班。其次，赞礼官赞：承祭官跪，行三奠三叩礼，各大臣随同行礼，兴。承祭官退立右方，各大臣退立左方。其次，请冠服筐，承祭官及各大臣随行至燎池，焚冠服筐，承祭官行三奠三叩礼，兴。礼成，复命。"

溥仪的族侄毓嶦，对于谭玉龄的丧礼程序，回忆很详细，印证了文献记载。他说：

> 谭玉龄死后，要等娘家人来看过才能入殓，因为天气较热，用许多

冰块冰着尸体。她哥哥从北京赶来了，家中还有什么亲属就不知道了。皇帝虽有三宫六院众多妃嫔，只有皇后的娘家人才算国戚，妃嫔们的家属，一年之中只可进宫一次叫作"会亲"，也见不到皇上。谭玉龄进宫后，其家属从北京来会过亲没有我不知道，这次真来了，溥仪还接见一次。我记得是在晚饭前，在缉熙楼卫生间里，溥仪和她哥哥单独谈过话，谈话内容虽不知道，但其后溥仪似有不高兴的模样，我估计也许是她哥哥索要抚恤金太多吧。具体数目没透露，她哥哥拿了钱就回北京去了，并没有参加谭玉龄的殡葬仪式。

为了主持谭玉龄的殡葬，溥仪从北京召来了载涛，委派为"承办丧礼大臣"，同时被委派的，还有伪宫内府大臣熙洽、次长鹿儿岛虎雄，以及参议胡嗣瑗。葬礼经费预算是伪币一万元，最后还是超支了。就在谭玉龄生前活动的场所畅春轩搭起了灵棚，停灵二十一天，每七天放一次"焰口"，有和尚、尼姑、喇嘛三台法事，特别是喇嘛念经时敲大鼓，打大锣，吹"杠筒"（有一丈多长的大喇叭，杠筒是对音，可能说藏语），真是声震屋瓦。

灵前每天早、午、晚上三次供，俗话说"心到神知，上供人吃"，这里的供品就纯粹是摆样子，人是不能吃的。上供时有十来个和尚奏乐，念经，绕着棺材转，叫作"转咒"，转咒时要有本家丧冢（纯北京语，"冢子"即长子）送"竖"。"贵人"早亡而无子女，死后倒来了一堆"孝子"，就是我们几个学生，也不论什么辈分，轮流当"丧冢"。这还得说是"皇恩浩荡"，特赏"灵前穿孝"，一般人还得不到呢！当丧冢，主要任务就是跪在灵前送"竖"。

"竖"，这是我给对的音，应该用哪个字，我也不知道。它就是用黄纸折的一个十厘米见方、七八十厘米长的方纸筒，丧冢跪在灵前用双手捧着下端，它就竖起来了，或因此得名。然后点燃上端，纸筒慢慢往下烧，烧过一会儿，因有热度，里面的空气膨胀，上边又有火焰封口冒不出去，过一会儿就"嘭"的一声，送一个"竖"。能"嘭"两三次。若"嘭"得特别响，能把上边的火焰给嘭灭了。"竖"的一面还印有一行红字，没细看过，烧它，不外乎为死者免罪祈福。

到七天头上放"焰口"就更热闹了，要高搭法台，正座"和尚头"带五佛冠，前面列坐两排和尚每人奏一种乐器，念两个钟头的经，最后由正座大和尚把馒头掰成小碎块儿往台下扔，是给饿鬼吃的。据说"焰口"就是恶鬼的名字，如不先喂饱他，他就会把给死者上的供品抢食一光。又一说是超度恶鬼，就可以为逝者造福。放焰口时，我们这帮假"孝子"，就免不了要在灵前跪成一堆。

穿孝，老年人大都见过，穿过，而今青年人就不知道了，现在只是带个黑纱袖箍。穿孝也有许多讲究，我也说不全，俗语说"披麻戴孝"，满族只戴孝不披麻，汉人戴孝三年，满族戴孝二十七个月，故有"汉重满轻"之说。穿孝就是穿孝袍子，用白粗布缝制，要毛着边，大圆领，

电影《末代皇后》剧照：谭玉龄出大殡

腰里系上孝带子，要穿一百天，不许洗涤，到百天头上在坟前脱下来烧掉。孝袍子也有用细白布做的，也有镶上蓝边儿的，那就要分亲戚远近了。我们穿的当然是粗布孝袍子了，但只限于畅春轩灵棚之内，出来就脱掉。

停灵期间，有一次溥仪亲临祭奠，他身穿军便装，佩戴海陆空大元帅军衔和满金三颗星带一枚伪国花——兰花肩章，胸前挂着伪满勋一位兰花绶章，上祭可没有祭文或悼词。悼词是对逝者的哀思和怀念，情感真挚，且须文言成文，不便由别人代笔，可能溥仪撰文有难度。他站在灵前奠了三杯酒，看其脸面说是"严肃"也行，说是"没有表情"也可。我们这些"孝子"都跪在棺材两旁，一个个目不斜视。不到五分钟祭奠完毕，溥仪就返回缉熙楼去了。

"祥贵人"身后被追封为"明贤贵妃"，是超越"嫔""妃"两级而连升三级。其上边只隔"皇贵妃"一级就是皇后了。关于追封仪式，我一点印象也没有了，只记得立在棺材前的牌位上写着"明贤贵妃之灵位"。

溥仪对谭玉龄可谓"三千宠爱在一身"了，她死后溥仪有什么表现呢？俗话说"幼年丧母、中年丧妻、老年丧子"都是人间最不幸事。溥仪赶上个中年丧妻，我真没看出来他对谭玉龄有什么"圣主朝朝暮暮情"。

毓嵒的姐姐一直护理谭玉龄，说"贵人在病中还时刻惦念着皇上……"，有人就制止她，说"怕引起溥仪的哀思"。溥仪则表示，自己是继承大统的人，也就是说，当了皇上就是万金之躯，岂能为一女子哀痛而伤身呢？大家听了，觉得真是皇上圣明，又感激又佩服。话说回来，溥仪就是掉眼泪，也不能当着我们掉，那岂不就掉了皇上的"价"吗？不过，这期间我们虽然忙着当"孝子"，每天还是要陪着溥仪吃饭，倒没有感觉他有哪些"茶不思、饭不想"的表现。

谭玉龄停灵二十一天，然后出大殡，还有一番盛况。长春那时虽是伪满洲国的首都，究竟地处关外，哪里见过这样的大殡呢，真是万人空巷了。

溥仪当了伪满洲国皇帝，却住在缉熙楼，后来日本人才给他盖了个同德殿，算是个假宫殿，即"临时宫殿"，活人住的地方还没解决呢，更顾不上给谭玉龄选坟地，当时她往哪里埋呢？在长春惟一的大庙——护国般若寺内，临时盖了一间停灵用的房子，出殡就是把棺材送到般若寺。①

最后是奉移礼，就是当谭玉龄的遗体由伪宫畅春轩移往般若寺行前之际所举行的仪式。九月二日午刻举行。伪宫内府委任官以上人员那天都加入了奉送的行列。"吉安所祭祀"至此告终。

四 "暂安所祭祀"

九月二日"奉移"后，谭玉龄遗体厝于般若寺，而且一直安放到伪满垮台，这个长时期的祭祀称为"暂安所祭祀"，即第二个祭礼程序。

从"初奠祭礼"即谭玉龄去世第三天的一九四二年八月十五日，溥仪就在般若寺为谭玉龄奉置神牌，如今又把装有遗体的金棺由宫廷移来停在此处，这是因为从小信佛、真心信仰佛教的溥仪与护国般若寺的关系非同一般。

这座寺院于一九二三年始建于西三马路，规模不大。伪满初年因修路而废弃了旧庙，遂由政府拨款十一万元，在现址重建般若寺，并于一九三二年十月落成。释澍培法师被推举为该寺第一任住持（方丈），并因此与溥仪的侍从武官长张海鹏等相识。这座寺院也与笃信佛教的"康德皇帝"有了愈来愈密切的联系。一九三三年二月七日即旧历正月十三日溥仪过生日那天，般若寺僧众在澍培法师的主持下，举办第一次"万寿节"道场。山门外悬灯结彩，张贴对联，大摆经坛，全天诵读《金刚经》，为溥仪祝寿，敬祝"皇

---

① 爱新觉罗·毓嶦：《爱新觉罗·毓嶦回忆录》，华文出版社，2005年，第26～28页。

长春护国般若寺，从 1942 年 9 月至 1945 年 10 月，谭玉龄的遗体在这里停放三年多。

帝"万寿无疆。澍培法师还撰写奏折请溥仪按历朝皇帝到寺庙降香的先例莅寺拈香，溥仪收到侍从武官长张海鹏代呈的奏折非常高兴，即命伪宫内府内务官王大忠代行降香，寺僧乃全体出动，为"皇上"祝寿念经，溥仪更受感动，此后每年一度，未尝中辍。对于该寺的其他佛事活动，溥仪亦十分关注。一九三四年溥仪登上"康德皇帝"位后，又以颜体楷书"正觉具足"金字匾额一方钦赐寺院，"御笔"韵味十足，悬于般若寺藏经楼，为之增色不少。一九三六年五六月间，般若寺首次举行规模空前的开光传戒祈祷道场，"康德皇帝"亲派伪宫内府内务处处长商衍瀛到寺院，捐赠一万元，以助道场的举行，使众僧深感沐浴"皇恩"。这次道场成了东北佛教史上令人瞩目的一件大事，般若寺也因此成为名刹。寺院方丈澍培法师对溥仪感恩不尽，还特意在《受戒须知》中规定这样一条："须知我皇上洪恩浩荡佛心度世，凡我民众均蒙厚德应常怀报恩之心。"

尽管有如此深厚的渊源，一连数年长期停灵般若寺也并不符合溥仪固有的愿望。嵯峨浩在其回忆录中提供了这件史实的线索。她写道：

> 皇帝当时的悲痛，简直令人目不忍睹。举行了盛大葬礼后，皇帝赐她为他他拉皇贵妃，并决定在奉天清朝祖庙旁边修造他他拉谭玉龄皇贵妃的墓。然而由于关东军反对，这一计划设想没能实现，只好将遗骨安置在新京一座庙里，派禁卫队守护。[①]

日本关东军的立场是前后一致的，始终认为要区分"满洲国"与清王朝，要区分"康德皇帝"与宣统皇帝。他们连溥仪前往奉天祖陵祭祀都深表不满，而溥仪也只能在陵区深处才换穿清朝帝王龙袍于一时，着实可悲。现在，又岂能允许"满洲国皇帝"的"贵妃"亡灵进入清代帝王的祖陵呢？不得已，溥仪把他的宠妃送进了"暂安所"。

谭玉龄出殡的宏大场面震动了整个城市，在原定的奉移典礼实行方案中，明确记载了这一仪式的全过程：

> 九月二日某刻，陈大升舆于门外，行祭舆礼，由行事系长奠酒毕，舁夫若干名及执事官役备候。奉送官员均预集。届时，恭移金棺。钦派大臣奠酒，三叩，兴，恭送登舆启行。（钦派大员"官内府大臣"先行至殡宫恭候奉迎）前导，后扈，奉送者序从。金棺至殡门外，钦派大臣跪迎于门东。舆止后，兴，起。舁夫若干名恭舁金棺入殡门，至殡室，恭安正中。钦派大臣奠酒，三叩，礼毕退出。奉送官员全体依次行礼毕退出。

---

① 爱新觉罗·浩：《流浪王妃》，北京十月文艺出版社，1985年，第60页。

关于奉移的行列也有明文规定。其顺序是这样的：警卫（双行），喇嘛和尚，册亭，宝亭，奉送者（双行），影伞，都盛盘（双行），提灯（双行），大升舆（两旁警卫），内廷奉送者（双行），警卫。

溥仪的族侄毓嶦，对于谭玉龄丧礼的奉移场面也有详细回忆。他说：

出殡抬杠的人数有一定规矩，比如有四十八人的，有三十六人的，谭玉龄出殡用多少人的杠？我记不清了，总得有三十多人。杠夫都是从北京找来的，一律穿绿色镶红边号衣，杠绳都用杏黄布套起来，绿色的棺罩。指挥杠夫的人用打"响尺"指挥，响尺是用硬木作的，打起来声音清脆，能打出各种花点，指挥杠夫，不服从指挥的就用响尺打，甚至打死勿论。抬杠走在大街上，不能喊一二一，怎么步调一致呢？就听响尺了。特别是把棺材由灵堂抬出来，也许得过一道门，拐两个弯，上下台阶，一起一落，全听响尺指挥，讲究是棺材上放一碗水不许洒出来。

谭玉龄的"金棺"（棺材的敬语）不能从溥仪出入的"中和门"抬出去，就把后墙拆开一段抬出"兴运门"，再放到杠上。送殡的当然少不了我们这几个学生，伪宫内府的官吏也不少。

出殡要有许多人打"执式"，就是打着旗、箩、伞、盖等，抬着"烧活"，就是用纸糊的金童、玉女、纸车、纸马，送到墓地就统统烧掉，以便死者能在阴间使用。还抬着许多用金银箔折叠的元宝和"锞子"，元宝有十两的、五两的，锞子是小硬货一两、半两的，这些元宝等是在守灵时随手折叠起来，到出殡时烧。"执式"队伍中还有一帮"小嚷"，都是临时雇来的十五六岁半大孩子，给他们穿上黑色带白边的衣服，走一段路就要一齐"嗷嗷"几声，以示哭丧。

说来也巧，谭玉龄的棺材刚抬出"保康门"——伪皇宫第一道大门时，忽然间刮起一阵旋风。我想，正值三四百人队列，还有几十人抬着的大杠，一起越过大门，必然带风，就会把旋风也带出来吧。附会一点说，就是围着棺材转了一圈，阴魂不散哪！我那时也有迷信心理，觉得挺奇怪的，送殡回来还特别向溥仪报告此事，他听了当时没有表示，后来就引起了"碟仙"。

灵柩送到般若寺，停厝在新盖的房子里，将来怎么办？无从设想。"烧活"还是得烧，就选择一处安全之地，还从市内调来一辆消防车，以防万一，丧事算是暂告一段落。我们几名学生，起初算是护理几天，谭玉龄死后就当了二十一天"孝子"，继而一切复归于往日的模式。"贵人"活着的时候就见不到其人，几年后虽然是真的永远也见不到了，却并没有太多失落的感觉。缉熙楼一层西侧"贵人"生活区，过去就不是我们随便能去的地方，如今更不可能去了，所以也就没有什么"人去楼空"的感觉。从溥仪日常生活来看，也看不出有什么特殊表现，悲哀、思念或是"睹物伤情"都没有，至于"花前月下"什么的，就更不必提了。[1]

数以万计的长春人围观了这"奉移"的盛况：明贤贵妃的棺很大，外面还套了一层楠木制成的椁，镂刻一篇《心经》。棺椁置于大升舆中，由七十二杠抬灵。抬灵的人大部分是身材魁梧的河北沧州人。又穿上统一制作的孝服，越发显得威风凛凛。一起步，便在前杠放一摞银洋，两碗白酒。其前有一人敲木鱼领步，数十名抬灵者走一个步点，一板一眼，毫无错乱。因此，前杠上的银洋不散，白酒不洒。那气派确为帝王之家所独有。溥仪的亲属和其他宗室人员身穿孝袍随灵送殡，一直送到般若寺停灵。谭玉龄之棺到达殡门外时，钦差大臣熙洽跪于门东迎接。然后把金棺抬入殡室，放在正中间。钦差大臣再奠酒，三叩，全体奉送官员依次行礼后退出。

"明贤贵妃"在般若寺内停灵的地方，确实是溥仪"敕建"的；这并非为谭玉龄准备的灵堂，却归她享用了。它的设计者之一于勋治先生回忆说："在长春护国般若寺里头，还修建了一个停灵的地方，这是溥仪的第一个贵人谭

---

① 爱新觉罗·毓嶦：《爱新觉罗·毓嶦回忆录》，华文出版社，2005年，第28~29页。

玉龄死以前让我们设计的。其形式如旧式殿房，共三间，很简单，后来听说拆除了。"

据毓嵒说，谭玉龄的灵柩，就停放在那三间旧式殿房中间的正房里，一直到伪满垮台。因为关东军始终不允许在奉天的清朝祖陵旁边为"明贤贵妃"造墓，溥仪索性就长期停放"暂安所"而不考虑"奉安园寝"。这事表明，在日本人面前，溥仪或多或少也有那么一点点"骨气"。

谭玉龄灵柩在"暂安所"停放三年，祭祀活动未尝断绝，据保存下来的一份百日之内祭祀活动安排，就有如下繁多事项：

周月致祭：九月十二日举行，伪宫内府官员行礼。

五七日烧伞：九月十六日举行。

七七日烧楼库箱子：九月三十日举行。

再周月（六十日）致祭：十月十一日举行，伪宫内府官员行礼。

三周月致祭：十一月十日举行，伪宫内府官员行礼。

百日读文祭祀：十一月二十日举行，伪宫内府官员行礼。

在"暂安所"期间，耗资也是相当可观的。仅以一九四四年的年度预算为例，全年共计用款3966元，其细项如次：

祭费：每次36元，全年四次共144元；

经费：每次150元，全年四次共600元；

看守薪俸：每月150元，全年十二个月共1800元；

看守赏金：全年两次共550元；

用人饭费：每天8角，全年365天共292元；

电费：每月15元，全年共180元；

全年烧煤10吨，烧柴600斤，共300元；

其他杂费全年 100 元。

关东军把谭玉龄的葬地视为原则问题，绝不退让，不在乎因长期停灵而枉花若干"国帑"，这也是容易理解的。

五　真挚而深切的怀念

谭玉龄的死讯传出以后，溥仪的亲属们纷纷进宫参与丧事，亲眼看到"皇上"万分哀痛的情状，都想给他一些抚慰。四妹夫赵国圻说，他曾看见溥仪跳着脚哭喊："我不信她会死，我不信她会死呀！"毓嶦和杨景竹夫妇也看到"皇上"正在落泪，一边哭一边十分难过地说："她净劝我呀！"溥仪此言是有内涵的，然而他停音在此，有谁能知那话中话呢？是"劝"他莫对宫中的用人发脾气吗？还是"劝"他无须听日本人"共存共荣"的谎言？溥仪不往

伪满年代由李国雄任队长的宫廷仪仗队

李国雄（1912 年出生），当年他是溥仪的贴身随侍

下讲，谁能知道呢！谭玉龄的"老妈子"见溥仪哭了，又过来劝慰："万岁爷，您可别太伤心了呀！"

这时，"老妈子"又把一个小纸包双手捧呈"万岁"，并说："这是贵人殡天之前特意嘱咐留给万岁做纪念的。"

"什么东西？"溥仪急切地想知道。

"贵人的指甲，她亲自剪下的。"

溥仪打开看了看，又落泪了。

谭玉龄喜欢把指甲留得很长，轻易不剪的。杨景竹与她交往几年只发现有一次她把指甲剪了，不知道是来了什么情绪，她对杨说："今天我动手做了一次饭，指甲也剪了。"说着还伸出手来让杨景竹看，在那双细皮白嫩的手上果然不见指甲了，不过以后又保留了起来。为了寄托哀思，溥仪命原样保留"贵人"的寝宫，把几块指甲也放在寝宫内了。

溥仪的贴身随侍之一李国雄回忆说：

对于谭玉龄的死，溥仪确实很悲痛，那些天和我们说话的腔调都变了，谭的居室始终保持原样不准挪动。记得谭死四个月后，溥仪命我到谭的居室找一样东西，这是谭入宫后我头一次进这房间，她在世时我们是根本不准靠近的。只见谭的床头小茶几上扣放一只杯子，挪开杯子便露出四五块一至二公分长的指甲，这就是谭临死让老妈子剪下留给溥仪作为纪念的。溥仪逃跑前还特意用纸包了随身带走，以表达对她的深深的怀念。①

据李国雄回忆，谭玉龄去世约半年，就有一位出身北京旗人家的女孩子被送进长春的"宫廷"，看样子只有十三四岁，溥仪弹钢琴的时候，她就老老实实地站在旁边。原说是要收为妃子的，十余天之后却被送走了。当时谁也不知道究竟是女孩不乐意呢，还是溥仪未相中。

事隔不久，溥杰和嵯峨浩"入宫会亲"，溥仪正一个人坐在沙发上，浏览一本日本出版的妇女杂志，遂以诙谐语气说："若娶个这样的女人做妻子嘛……"

"您笑谈。"嵯峨浩真以为溥仪在开玩笑，但当她端详溥仪面对的那幅画面时吃了一惊，原是相貌酷似谭玉龄的日本女性，正做着插花姿势，使"皇帝"感动。嵯峨浩说，那段时期，"皇帝日日夜夜思念他他拉，追忆怀恋他他拉"②。原来，溥仪一定要找一位面貌酷似谭玉龄的女子，以填补因失去所爱而在内心深处造成的巨大感情真空。前拟收妃的女孩显然没有达到溥仪的这项标准，才被送回北京去了。

不久，溥仪从数以百计的女孩子照片中，挑选出一个李玉琴，就是因为她出身贫贱的中国下层，又年幼无知，不用担心她能有受训于日本人的经历。此外还因为在相貌上，她与谭玉龄有共同之处。李玉琴回忆说：

> 我入宫后溥仪多次谈到谭玉龄，总说我的模样很像她。起初我还挺高兴的，因为谭玉龄受到不少人的赞扬，皇上也喜欢。逐渐听到的反映多了，觉得我和谭性格上完全不一样，也就不愿意再听溥仪讲那样的话了。有一次，溥仪让我站着别动，他左看右看，还说："怎么这样像玉龄啊！"

---

① 李国雄口述、王庆祥撰写：《伴驾生涯》，工人出版社，1989年，第227页。
② 嵯峨浩：《流浪的王妃》，《吉林文史资料》第8辑，第75页。

溥杰的妻子嵯峨浩

我当时来了孩子脾气，冲着皇上不住口地说起来："皇上选玉琴就因为玉琴像贵妃吗？长相也许像，性格可不像。玉琴不会倒饬，不懂规矩礼节，又不会讨二格格喜欢。"当时愈说愈有气，几乎忘记面前这人是谁了，还继续说下去："玉琴不是旗人，不是北京大户人家，家里又穷……"说着，眼泪也不断线地流了出来，嘴里还是叨叨咕咕地说着："玉琴没有哪个地方像贵妃，玉琴也不愿意像贵妃，愿意像自己。"回想起来也感到庆幸，溥仪当时竟没有生气，反而温声细语地劝慰我："怎么净说些孩子话惹我生气呀？可别再瞎说了！""皇上总说玉琴像一张白纸纯洁善良，还说玉琴有根基，有造化，那皇上倒是真喜欢玉琴呢，还是因玉琴长得像贵妃才喜欢？"我问得似乎没深没浅，却说出了心里话。①

任何处在李玉琴那般地位的女性，对此肯定都不高兴，她们都希望丈夫实心实意地爱自己，而不是因为别人才爱自己。溥仪总算能够理解，一边给李玉琴擦眼泪，一边解释说："我念叨玉龄，因为觉得对不住她，她有病的时候我还发脾气，她加重了病情。她跟我五年，一切都顺从我，二十二岁就死了，我有责任哪！"接着溥仪又安慰李玉琴说："我喜欢你，这不完全因为你长得像玉龄，你有自己的优点，你纯洁善良，天真活泼，不会奉承，心口如一。我从第一天起就喜欢你说真话，爱你。千万别胡思乱想，今后我们永远不分离，永远不变心，菩萨保佑，祖宗保佑，赏赐给我们一个皇子吧！"

---

① 李玉琴记述、王庆祥整理：《中国最后一个"皇妃"》，北方妇女儿童出版社，1989 年，第 115 页。

第四章　千古一谜

一　遗体火化

　　曾于一九四六年一至二月间访问护国般若寺谭玉龄殡宫的秦翰才，实写了伪满垮台后灵堂凄凉惨淡的景象：

　　康德九年（一九四二年）八月十三日，庆贵人死了。溥仪很伤心，追封为明贤贵妃，殡宫在般若寺。我既得知还没有奉安园寝，曾到寺访问。殡宫实在藏经阁后，屋中只有一棺，棺前只有一案，灵前陈设，已空无所存，极凄凉萧瑟之至。东壁有溥佳杂物一堆，寺僧指结婚照一帧道："这就是溥佳夫妇。"溥佳娶存耆从弟樾坪之妹，名溥索，号鹏云。两人日记，也在这里拾得。回顾四壁，还有一棺，很觉骇异，读其和，方知此中长眠人为在长春战役中牺牲之一位地下工作同志。寺僧又说："当康德皇帝在日，这里有禁卫看守，不容闲人擅入，方外人也不胜今昔之感了！"①

　　在帝王身上，往往缺乏那种人间的感情。溥仪对婉容、对文绣可以说是冷漠的，近于残酷的；而他对谭玉龄却很难忘情，谭玉龄死后，溥仪命将她

---

　　①　秦翰才：《满宫残照记》，台湾文海出版社，第25页。

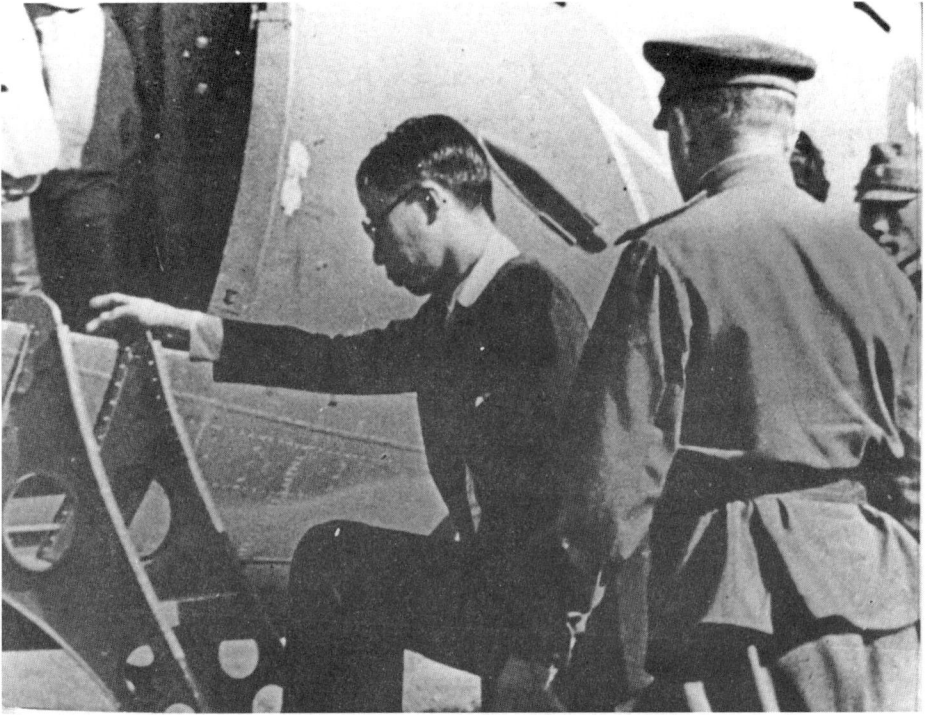

1945 年 8 月 19 日溥仪在沈阳机场被苏军俘获

日本殖民统治的最后一幕——缴械投降

媒体报道：抗日战争胜利结束，日寇签字投降

的卧室原样保存，直到伪满垮台始终不用。他用这种方式寄托了自己的哀思。

溥仪在逃亡中，甚至被俘后，也没有忘记停在般若寺内的谭玉龄的遗体。有位记者不知从哪里探得消息，在一九四六年八月相当准确地报道了下面一段话：

> 谭玉龄死后遗体厝于般若寺，派有专人看守。至光复，溥仪被迫走通化，对此死贵人仍眷恋不舍。嘱看守人遇有必要，可以火葬之。之后，溥仪被俘去苏，仍嘱从苏联

莫洛科夫卡疗养所（位于前苏联赤塔）

归来之人带信，命将贵人遗体火葬。看守人得信，据云已照溥仪之意办理。骨灰或许仍为溥仪保存云。

事情是这样的——溥仪被俘到赤塔后，有一天，收容所的苏联军官告诉溥仪，可以再接几个人来照顾他，希望溥仪写封信由苏联军官带到通化去。溥仪在这封信里，提出溥俭等八个人的名字，让他们立即到赤塔来。他在这封信中既不提婉容，也不提李玉琴，却谈到了谭玉龄，命溥俭和霍福泰（溥仪的随侍）立即火化谭玉龄的遗体，并将骨灰送往北京由族人保存。溥俭等人虽然没有来到"皇上"身边，但对处理"明贤贵妃"的遗体，还是"遵旨"而行了。他们从大栗子返回长春，立即火化了谭玉龄的尸骨，并辗转带回北京。其时，在天津替溥仪管理房产、财物许多年的溥修已偕眷回到北京定居，当时溥仪惟一的妻子李玉琴也栖身于此，毓嵒的两个孩子也在这个家庭之中。于是，溥俭就把谭玉龄的骨灰盒存放在位于西城南官房的溥修家一间闲置的小东屋里了。

溥仪自知身份已经变化，再也无力保护宠妃的遗体，遂决定火化，是不得已而为之，却也是一种真情。

二 疑案重提——"毒死贵妃的传说的真相"

一九四六年八月十九日，溥仪第二次在庄严的东京法庭上露面，为审判东条英机、板垣征四郎、土肥原贤二等罪大恶极的日本战犯做证。

溥仪从上午讲到下午，侧重讲述自

溥仪来到东京审判日本战犯的法庭

1946年8月，溥仪在东京法庭上宣誓做证

己作为日本傀儡而在"满洲国"的经历，因此他的这次做证演讲被新闻界称
为"'猴戏'主角的自白"。

溥仪说，他每次会见"满洲帝国"军司令官时要有日本最高顾问和"军
政部大臣"监视；溥仪的"训示"则是照读"他们做好了的空文"；溥仪过生
日，竟不许与来自北京的祝寿亲友自由会面，连通信也受到伪宫内府日系官
员的限制。溥仪愤怒了，他大声说："我想给祖宗扫墓也是被禁的，只能委派
别人代理。"

当检察长转换话题，问起皇后和皇妃的生活时，溥仪的脸上顿现悲戚之色，
缓缓地说："我的爱妻被吉冈中将杀害了！"这里的"爱妻"一词，指的是谭

东京法庭检察官季楠

东京法庭被告席

玉龄。四年之后疑案重提，人们感到奇怪，整个大厅陷入一片沉寂。

溥仪的声音回荡在法庭上空，时而低沉，时而高昂，还有几回，溥仪使劲儿地连续用手掌猛击证人台，并大声吼叫，像是要用声音去撕裂毒害了"爱妻"的仇敌。他重提记忆犹新的种种疑点说：

> 我的妻子当年只有二十二岁，我俩非常和睦，她常常安慰我说，目前身不由己，不妨忍耐一时，等到机会来临，当为中国收复此东北失地。然而，她竟被日本人毒死了……我知道这是谁干的，就是吉冈中将！我的妻子患病后，先请了一位中国医生来诊。后来吉冈又找来日本医生。

溥仪在东京法庭做证

她的病虽重，却不至于死。在日本医生诊察治疗期间，吉冈竟把医生找去密谈达三小时之久。那天夜里就由这个日本医生守护治疗，本应每小时注射一次葡萄糖，可是医生在整整一夜中仅给注射了两三次。到次日清晨，我的妻子已经死去。奇怪的是，那天晚上吉冈一直在宫中留宿，并不断向宪兵和侍女探问情况，当他听说已经死了，才赶快溜出宫廷。一个月之后，吉冈又来劝我娶日本女子为妻，并携来多帧供候补的日本女子的照片让我挑选。我当面无法拒绝，便回答说，婚姻以感情为基础，所以不问是谁，只要是我所喜爱的，便与她结婚。我的妻子虽然不是皇后，但是她的地位仅次于皇后。不久，我就和一个年幼的中国女子结了婚。若问为啥选择一个女孩子，就是因为她没有受过日本教育，可以由我自己来教育。①

经溥仪重提的这桩疑案，通过无数通信社的电讯，迅速传遍世界，千奇百怪的大字标题登上各类报刊的显要版面，引起轩然大波。这里有当年刊于中国报纸上的几篇报道，可见事态的发展：

日人图设美人局毒毙溥仪妻

[联合社东京十九日电]经日人一手扶登伪满皇座之溥仪，今日在此间国际军事法庭证人席中挥拳击橱，大呼日人暗杀其妻，称："伊被日人置毒害死，此事系吉冈将军所为。匝月后，吉冈向余提议娶一日女，并出示照片多帧。"溥仪遭日军关东军监视，形同俘虏时，始终不获吐露真情之机会，今日始得在法庭尽量陈述。广大法庭中之群众莫不倾耳静听。

---

① 王庆祥：《法庭上的皇帝——溥仪在远东国际军事审判中作证始末》，吉林文史出版社，1985年。

[改造社东京十九日电]……季楠（检察长）又问及溥仪之妻，溥仪面呈兴奋答称，伊常慰余曰："目前实不获已，且忍耐一时，一俟时机来临，当为中国收复此东北失地也。"及伊患重症，先延中国医师诊治，吉冈即送来日本医师。伊病虽重，实无碍于生命，然日本医师时与吉冈密谈，日本宪兵及看护，不绝向吉冈有所报告。翌晨，伊即亡去。伊实为吉冈所毒毙。一月后，吉冈劝余与日女结婚，携来候补日女照多帧，然余卒与中国年轻女子结婚，盖年轻则未受日人教育，可由余亲自熏陶也。

溥仪口中的死妻，原为伪宫一贵人

伪帝溥仪除有发妻秋鸿外，更有北平之"贵人"一名，溥仪前于国际法庭作证时亦曾提到彼之爱妻被日本人吉冈毒死，实际毒死者并非溥仪之妻，即来满作伪帝后由北平选来之贵人。据云此伪帝贵人十七岁入"宫"，样子相当标致，因此与溥仪感情最为融洽。大前年（据可靠消息）此北平贵人忽然怀孕，日人知其怀孕为免去未来麻烦，乘"贵人"患病之机，医生错用药将"贵人"毒死……

庄严的法庭只相信证据，然而，当法官让溥仪出示毒杀谭玉龄的证据时，他并没有拿出确凿的证据。

谭玉龄死而不了，因为她带走了一个永恒的谜。自溥仪疑案重提，引起众说纷纭，其辞各异。首先是关于谭玉龄的病，有说"伤寒"者，有说"膀胱炎"者，还有说"感冒"者；其次是谭玉龄之死，有说是消极治疗所致，有说是因为在深夜扎了奇怪的一针，还有说是错用药毒死的；再次是关于谋杀者的动机，有说是吉冈偷听了谭玉龄的爱国言论，有说是吉冈要给溥仪换日本老婆并曾因此对谭玉龄积下前怨，还有说是因为谭玉龄"怀孕"的。但是既然当时并没有对那位香消玉殒的贵人进行生理解剖或是法医验证，上述种种说法就只能是猜测，而永远不可能变成科学的定论了。

针对溥仪在法庭上的证言和由此引起的种种传说，当时就有人表示怀疑。溥仪的忠实侍卫官工藤忠，就不认为谭玉龄是被害。这里要从工藤忠其人说起：工藤忠，原名工藤铁三郎，是日本国青森县人，生于一八八二年（日本明治十五年）。在日本专科大学毕业。他原是日本浪人（无业游民），早年与日本图谋东北地方的地下组织"黑龙会"有来往，曾任日本陆军省和外务省的嘱托（非正式官员）。清末民初，结识流亡于日本的前清"陕西都督"升允，与黑龙会搭上线，积极从事清朝复辟活动。升允回国后潦倒于天津，接受溥仪授予的"顾问"之职，遂把工藤铁三郎介绍给溥仪。

"九一八"事变后，日本人把溥仪从天津弄到东北，工藤铁三郎是接运溥仪上船、偷渡白河护送者的三个日本人（上角利一、大谷、工藤铁三郎）之一。溥仪到了旅顺，上角和工藤等人被关东军安排在溥仪身边。工藤对溥仪非常恭顺，颇得溥仪的欢心。有一次，溥仪见茶水颜色不对，怕人下毒，叫人去化验，工藤看了端起杯子就把茶水喝了一大口，溥仪由此更加信任他。溥仪当了"执政"，便把工藤铁三郎放在身边做警卫官，一九三四年改"帝制"后，任工藤为"宫内府侍卫官长兼警卫官"，一九三七年又任侍卫处长。在溥仪眼里，这个日本人不但热心复辟"大清皇帝"的事业，比遗老们还要忠心，遂把他当自己人看待，并给他改名为"忠"，从此工藤铁三郎便叫"工藤忠"了。

一九三三年正当日军攻取热河、南下长城之际，溥仪认为攻下北京指日可待，除大摆庆功宴慰问日军将领外，还依"国务总理"郑孝胥的建议，派工藤忠前往东京打听有关他能否正位当皇帝的问题。工藤忠见到陆相南次郎和黑龙会主要人物，消息是有利的，使溥仪心花怒放，相信当皇帝的时机快要到了。伪满垮台后工藤忠返回日本。一九四六年八月，溥仪出席东京法庭做证，工藤忠千方百计弄了一个某报的临时记者证混入法庭，远远地见了溥仪一面，亦可谓尽最后之"忠"。

当东京法庭的被告们群起指责溥仪"背叛"了日本人的时候，工藤忠却仍以忠实侍卫官的身份出现在溥仪面前，大声发言说："背叛"者不是溥仪，正是在关键时刻抛弃溥仪的日本人。然而就在他替溥仪辩解的同时，也反驳了溥仪关于谭玉龄"被害"的说法。他这时的反驳辞或许已经没有政治背景了。

工藤忠后来在日本出版了一本书《皇帝溥仪在想什么》，记述在溥仪身边的生活，其中有一节专门谈"毒死贵妃的传说的真相"。他写道：

如果说起关东军的压迫，那就应该提到以"御用挂"的身份，在皇帝身边监视他一举一动的吉冈安直中将。本来，"御用挂"是不能够参加宫中各项典礼的，可是吉冈中将在"中国人"和外人晋谒"皇帝"时，他都站在一旁。

那么，吉冈和皇帝是有这样亲密的关系吗？不是的。从前，只在天津时代陪同皇帝打过三次网球而已。但在军部的宣传中，则把他说成是皇帝最亲信的将军，从而把他送到宫廷里去。然而，不但皇帝，就连宫中的其他人也都表现出讨厌吉冈的样子。他对于皇帝的意志和权力，在必要的时候，是一顾也不顾的。

在东京裁判所内，皇帝清楚地做出结论："杀害贵妃的就是吉冈中将！"不过，这是不是由于误解而来的呢？

这位贵妃是出身于好家庭的人，皇帝很宠爱她。她得病后先受着汉医的治疗。于是，吉冈就说："汉医不中用！"并叫来军医，使之诊治，但已经过迟，第二天就死去了。这是由于得了急性脑膜炎。

尤其是贵妃不乐意的时候也不管，仍是强行注射，并令其吞药。也许这就是皇帝坚决认为贵妃是被毒死的缘故吧！

更糟糕的是，在贵妃死后的几个月内，军部方面就把一名候补的贵妃带来了。这件事竟连"满洲国"的大臣，甚至"宫内府大臣"都不知道。于是，就有了一种风传：那是个日本女子，那就是毒死贵妃之后，把她来作为后继者的。这就使"毒杀"的说法更有力起来。

工藤忠不同意"毒杀"一说，但也拿不出确凿证据，种种说法全属存疑。

三　谭玉龄留给丈夫的纪念品

溥仪手中并没有那种具有法律效力的证据，却保存着几件妻子的纪念品。一九五六年十二月，《末代皇帝传奇》的作者潘际坰曾在抚顺战犯管理所见到其中的两件：一件是溥仪相亲时见到的那张少女谭玉龄站在月亮门前的照片，溥仪还在背面亲自题写了"我的最亲爱的玉龄"几个字；另一件即谭玉龄临死前亲手剪下留给溥仪的一包手指甲。

溥仪把这两件纪念品藏在一个皮夹子当中贴身保存着，那个皮夹子的另一件纪念品则是溥仪的"福贵人"李玉琴的一张照片。当苏联红军进入我国东北以后，溥仪就带着这个皮夹离开长春，先到通化大栗子沟，当又要离开那里而乘机飞赴沈阳，并拟换乘长程飞机逃亡日本时，一切东西均弃之不顾，惟谭玉龄的遗物仍贴身携带。以至后来在沈阳当了俘虏，被押往苏联赤塔和伯力的收容所，五年之后又引渡回抚顺战犯管理所，溥仪始终不忍丢弃那个皮夹，所以有人评论，说他"也算是个多情的种子"。

潘际坰就此展开话题，向溥仪询问那几样东西的来历，并记述了当时的谈话。

李玉琴的照片是被珍藏在一个大约三寸见方的纹皮皮夹子里的，一共有两张，一张是染上彩色的，也许因为穿棉衣的缘故，看起来不如现在复制放大的一张来得清秀。她的脸型相当美，也相当甜，发端的两个蝴蝶结冲淡了少妇的气息，却增加了成熟的少女风韵。安放在皮夹左上角的一张女性照片，只有一寸半大。

"这是谁？"我一面端详着，一面问他。

"她就是谭玉龄。"

　　庆贵人谭玉龄的面貌和服式，都是当年北京贵族妇女型的；会使人联想到凝重、笨拙、枯燥、保守这一类字眼。不过，她可能痴心地爱过溥仪，因为当我发现这张照片旁边一个薄薄的纸包的时候，问过他这里面是什么，他不太动感情地回答："是谭玉龄临死之前剪下来的指甲，说要留给我的。"

　　我不愿意打开它，我觉得看了是件叫人不舒服的事。

溥仪与香港《大公报》记者、《末代皇帝传奇》
一书作者潘际坰（右一）在政协礼堂门前合影

　　我的目光毋宁是注视着那个皮夹：大约三寸见方，深棕色的，上好的皮质，很可能是进口货，而且假如你细心多看几眼的话，就可以断定主人使用它已有多年的历史。我渐渐怀疑它的出身：它是从哪里来的？为什么溥仪一直保存着它呢？

　　"这皮夹是你自己买的？进口货？"我旁敲侧击地试探着。我想我也许会有些奇特的收获，但也说不定完全是庸人自扰。

　　"噢，您问这个吗？"溥仪轻描淡写地说，"是那个英文老师庄士敦送我的。里面原来放着他的像片，后来给我扔了。我现在就用它放起这几张照片来啦！"他笑了起来。我想，那位苏格兰老头儿如果有他的西方"在天之灵"，为此又该责备溥仪一番了。[①]

---

　　① 潘际坰：《末代皇帝传奇》，通俗文艺出版社，1957年，第101页。

庄士敦的那个皮夹子，还有谭玉龄的那张照片，至今犹存。

潘际坰离去才数日，李玉琴就来到抚顺向溥仪提出离婚了。在会见室，李玉琴对着溥仪连珠炮似的说下去："你在这里关押着，有吃有穿的，可我受你牵累找不到工作。我不愿再受牵连，受影响！再说你比我大二十多岁，而你与我脱离生活十几年了，不也一样过得挺好吗？"溥仪无言以对，脸发烧，嘴唇颤动，眼圈也红了。回到监房的木床上，就像泄了气的皮球，咳声不止。

就在溥仪特别苦恼、情绪低沉的时候，他向兼管在押战犯物品的副看守长杨玉德提出了复核衣物并取出库房内个人皮箱中衬衣的要求。于是，溥仪被带入二所南头的一间仓库里，他伸手拽下自己的黑皮箱，开盖核对完毕，然后说："东西完整无缺。"继而翻动箱底，找出一件衬衣，里面裹着一个小皮夹和一帧四寸以上的大照片，小皮夹还是庄士敦送给溥仪的那一只，照片已不是贴在皮夹内的那一帧了。

溥仪见照片如同见到珍宝，用双手捧着，瞪大了眼睛看，远看，近看，迎着光亮看，看了很长时间，又擦擦相片上的灰尘，非常珍贵地拿在手中。

"你看什么呢？"杨玉德见溥仪目不转睛，便问道。

"是相片。"溥仪答。

"谁的照片？"

"我的前妻谭玉龄的。"

副看守长出于好奇，把那张因年久而褪色发黄的照片接过来细看，相片上的女人美貌出众，圆圆脸，大眼睛，尖下颏，身材苗条，穿满族旗袍，端端正正地坐在一把椅子上，身旁还摆着一盆鲜花。

"现在她在哪？"副看守长关心地问。

"已经死了。"溥仪的嗓音嘶哑了。

杨玉德副看守长终于明白了，溥仪如此动情，原来是因为李玉琴提出离婚勾起他对已故前妻的思念。这时，他又不自觉地把手伸进小皮夹，翻出一个黄纸卷，又小心翼翼地打开来，露出一缕女人的头发，乌黑的毛发约有半尺长。

"这绺头发是谁的？"副看守长问。

"也是我前妻的。"溥仪答。

溥仪又伸手从小皮夹的内格里拿出一个小纸包。杨玉德还以为包着珍珠玛瑙之类的贵重物品呢。打开却是四个指甲盖。溥仪告诉副看守长，这也是他前妻的，这些东西，他从伪满至今一直贴身携带。杨玉德听后颇为感动，让溥仪再把几样东西仔细包好放归原处，什么时候想看了，跟他吱一声就行。

说是这样说，但杨玉德对溥仪保存谭玉龄的头发和指甲仍感到不可思议，忍不住问道："你保存毛发和指甲盖有什么用处？"

溥仪解释说，他同谭玉龄的感情非同其他几位夫人，谭玉龄心地善良，性格温柔，不但能在生活上体贴关怀他，还能在他同日本人打交道的时候帮他出主意，想办法。每当他处理完国事，从伪宫内府回来，谭玉龄总是问长问短，从精神上给予抚慰。所以溥仪认为谭玉龄最理解他，跟他的感情最深厚。谭玉龄不明不白地死去以后，溥仪吃不香睡不好，几天合不上眼睛，至今怀疑她是被日本人害死的。溥仪继续说，四个指甲盖是谭玉龄自己剪下留给他的，而那绺头发是溥仪照满族的习惯和个人愿望，在前妻去世后特意剪留的。溥仪保存这些纪念品，亦常常拿出来看，能得到许多安慰，好像他最喜欢的亡妻永远活在心中一样。

"既然这些东西重要，你为什么不上账呢？"杨玉德是从保管规则的角度提出问题的，不上账的物品一旦丢失无处查询。

"这些都是我私人的心爱之物，体积小，本可随身携带。再说也不是贵重金银，没有什么价值，只对我有用。还有一个原因：回国当时心有疑虑，认为共产党不讲迷信，若上账登记，当局强制我扔掉岂不无法补救？所以我时而随身携带，时而藏于箱中衣内，使别人发现不了。不料这回因为李玉琴提出离婚，让我想起翻看照片，却被杨先生发现，好在您同情我，令我感激莫名！"[1]

---

[1] 杨玉德：《为日、伪战犯保管珍宝时的见闻》，《震撼世界的奇迹》，中国文史出版社，1990年，第 233 页。

于此，谭玉龄留给溥仪的各样纪念品全部曝光。

四 历史之谜有新解

因溥仪行踪未定，谭玉龄的尸骨在长春护国般若寺"暂安"三年多，遗体火化后又被送到北京南官房溥修家的小东屋"暂安"，直到一九五七年春节前，毓嵒从抚顺战犯管理所释放回京，就住在那间小东屋里。因为他曾奉溥仪命而为谭玉龄穿重孝，后来又在伯力过继给溥仪为子，故对谭玉龄的骨灰盒能以孝子之心而待之，乃存之于室内同房共居。

一九五九年十二月溥仪获赦回到北京，先在五妹家中稍住，继而移居崇

已获特赦的溥仪在返京列车上

溥仪和同事们在北京植物园

内旅馆，一九六〇年二月开始在北京植物园劳动，转年三月调入全国政协任职，又安排了单人宿舍，才算安定下来。这时，毓嵒以为应该把谭玉龄的骨灰交给溥仪自己收存了，溥仪自然也很愿意。他漂泊半世，连爱妻的遗体骨灰都无力顾及，现在应该接到身边来了。溥仪取回谭玉龄骨灰以后，就放在自己两间居室中的小屋里了。

转眼来到一九六二年的盛夏，其时溥仪与李淑贤结婚已数月。在天堂河农场劳动的毓嵒，利用休息日到全国政协机关看望溥仪，他没有想到溥仪又把谭玉龄的骨灰盒交给了自己，溥仪说："明贤贵妃的骨灰盒还是拿到你家存放吧，因为你大婶害怕。"

溥仪所说的"大婶"，当然是指他的新婚妻子李淑贤了。他们婚后暂时住在溥仪的两间宿舍里，溥仪跟李淑贤说过谭玉龄的情况，并给她看过谭玉龄的照片，却没有告诉她还有骨灰的事。因此引出一段故事来！李淑贤回忆说：

我和溥仪结婚以后，还住在政协大院的时候，有一次我在溥仪存放杂乱物品的小屋里看见一个木匣，我就问溥仪是什么盒子。他这才告诉我这是谭玉龄的骨灰。我觉得有点害怕。一九六二年七月份的一天晚上，我忽然梦见从小屋里走出一个女人，穿一身雪白的衣服，还披着轻纱。只见这女人一直向我们的床上摸过来，面目也越来越真切了，和我见过的那张谭玉龄的照片一模一样。吓得我大叫起来，一下子惊醒了身边的溥仪。我也醒过来，才知是做梦。竟吓出一身冷汗，连褥单也湿了。溥仪问我，我就把梦中的情景告诉了他。他这才决定把谭玉龄的骨灰盒送到侄儿小瑞（毓嵒）家存放。

岁月流逝，溥仪经历人生最后几年的公民生活之后，在"文革"闹剧的高潮中撒手人寰。尽管周恩来曾以总理身份为其提供选择棺椁和墓葬的机会，却被他的眷属和族人放弃了。当然，对谭玉龄的亡灵来说，也失去了拼骨合葬的机会。

继而毓嵒作为"劳改释放人员"被押赴山西"监督劳动"，无端而再度失去人身自由。其间，毓嵒的两个儿子动手把谭玉龄的骨灰盒埋入小东屋旁边添建的简易灰棚的地下了。这在当时无疑也是一种保护性措施，否则被"红卫兵"们发现了，其后果是不言而喻的。倘溥仪黄泉有知，得悉他的"明贤贵妃"已经"入土为安"，也会感到宽慰吧！

这些年里，谭玉龄的骨灰盒，始终牵动着生活在坎坷中的毓嵒，他也留下了回忆的文字：

一九四五年八月十一日伪满倒台前夕，我们这些内廷成员，大都跟随溥仪从长春跑到通化大栗子沟。七天后，我与溥杰、润麒、万嘉熙、

溥仪和李淑贤在婚礼上

毓嶦、毓嶦、李国雄、黄子正等少数几人，又随溥仪逃到沈阳机场，被俘入苏。而跟我们一起在伪满内廷读书的溥俭、毓嵂等，从通化流亡期间，经过一番周折，又回到长春，并按照溥仪从前苏联传回来的字条所嘱，火化了谭玉龄的遗体，把骨灰带回北京，存放在我现在住的院子里。当时，我的胞叔溥修和毓嵂都住在这儿，后来就由我长子恒镇和次子恒铠保管。一九五七年我获释返回北京，就把谭玉龄的骨灰放在我床边了。一九五九年溥仪被特赦也回到北京，头一年在香山植物园劳动，住集体宿舍。第二年就安排在全国政协当文史专员了，他也搬到全国政协北院的两间东屋居住，算是有了固定居所，我就把谭玉龄的骨灰送还给溥仪了。

一九六二年四月，溥仪和李淑贤结婚了。有一次我到政协去看望溥仪，见他露出为难的样子，我觉得很奇怪！接着溥仪不好意思地对我说："谭玉龄的骨灰存放在我这里，你大婶娘（李淑贤）害怕，我看还是你拿回家去，替我好好保存吧！"我毫未迟疑，欣然应允。溥仪当即从他住室旁一间存放物品的小屋里，取出骨灰盒放到书桌上，木质骨灰盒中还有一个瓦罐。溥仪说，已把自己剪下的头发和指甲放在装骨灰的瓦罐里了。意思是说，将来要与谭玉龄合葬。就这样，他又把谭玉龄的骨灰交给了我。我便用自行车托运回家中。"文化大革命"中，我又从北京下放到山西长治劳改农场，无力关照了，我的两个孩子就把谭玉龄的骨灰瓦罐埋在我家住室旁边的地下了。此后二十年，谭玉龄的骨灰一直埋在这里。

当中国进入改革开放的新年代以后，又有一位女士在回忆录中说到谭玉龄，这就是李玉琴。她们有过相同的身份和差不多的宫中生活经历。李玉琴虽然是在谭玉龄死后八个月才入宫的，但与接触过谭玉龄的许多女伴和女佣有密切的交往，加之对当年景物有种种切身感受，自然是有资格讲话的。今天，作为吉林省和长春市的政协委员，她的回忆已不仅仅是原始资料的堆砌，而是用某种观点对某段历史的评判了。她这样论及谭玉龄之死：

　　很久以来就有人把谭玉龄之死说成是历史上的谜，溥仪还在东京法
庭的证词中肯定说谭玉龄是日本人害死的，他当时那样讲显然是为了转
移视线，意谓他的一切行动都在日本人的管制中，连老婆也被日本人害
死了。我对这种说法是怀疑的，在我国东北沦陷为殖民地的那段屈辱的
历史中，日本法西斯军人干了许多坏事，受到中国人民的无比痛恨。可
想而知像我那样出身的人也绝不会喜欢他们，然而揭露侵略者要有根据，
要叫敌人在事实面前低头，而不可以望风捕影。谭玉龄活着的时候不过
是个年纪很轻的"贵人"，还谈不到政治上的成熟，她既不能影响溥仪，
更不能影响伪满政局，日本人没必要害死像她这样无足轻重的后宫女

原"满映"理事长官邸，俗称"小白楼"

子。有人说谭玉龄在溥
仪面前散布爱国抗日言
论，我没有听说过。但
我知道溥仪最反对女人
干政，他认为大清帝国
的垮台罪在慈禧，所以
在后宫绝口不谈政治，
谭玉龄岂敢违拗溥仪的
大讳？可见传说不足为
凭。①

李玉琴不赞成毒杀之
说，而根据一位原宫中仆人
的说法，认为谭玉龄死于尿
毒症，她说，日本大夫曾提
出给谭玉龄导尿的治疗方
案，但溥仪不允许，最后把
病人活活憋死了。溥仪不准

山口淑子（李香兰，生于 1920 年 2 月 12 日）

导尿主要怕暴露谭玉龄还是处女，那就把他生理上的毛病也泄露出去了。李
玉琴还说，即使不是为了这个，溥仪也没有那么开明，会让男性医生给他的
妻子导尿。

与此差不多同时，还有一位经历了伪满那段历史的日本人说到当年的情
形，她就是红极一时的"满映"明星和歌星李香兰女士。

李香兰本名山口淑子，日本佐贺人，祖父和父亲都是汉学家，她本人于

_____

① 李玉琴记述、王庆祥整理:《中国最后一个"皇妃"》，北方妇女儿童出版社，1989 年，
第 110—115 页。

一九二〇年生于中国抚顺。当她成为"满映"明星的时候，整天待在溥仪身边的吉冈安直中将，当时由于"年长望重"而被推举为保护李香兰影迷俱乐部后援会会长，有了这层关系，吉冈和初子夫人都很疼爱她。当时又因为父母住在北京，李香兰孤身一人在长春工作，每次去日本和中国各地拍外景或演出后回到长春，不愿住大和饭店，而经常住在吉冈家里，就像他家里的一个成员。李香兰与吉冈的长女悠纪子、次女和子年龄相近，彼此就像姊妹一样相处。这一切，使她能够深深地陶醉于吉冈家的家庭团圆气氛之中。在李香兰看来，吉冈既是"典型的日本武人"，也是"性情温和的老人"。作为日本关东军的参谋，他虽然不能不秉承日本军部的旨意并操纵溥仪皇帝，但他对于溥仪以及他的弟弟和妹妹们都怀有真诚的感情和由衷的关心。李香兰在

满洲映画协会宽城子摄影所

一九八七年出版的自传《我的前半生——李香兰传》中，还专门就谭玉龄之死与吉冈的关系，做出了自己的说明：

　　在这件事上，应该说溥仪皇帝完全误解了。四十五年前在中国大陆发生的怪死事件，今天要想象推理小说那样把它说清楚，是不可能的，然而，皇帝却在东京审判时亲自出庭作证，尔后又在自传中，一再怀疑谭玉龄是被吉冈中将谋杀的。

　　可是，根据当时一些有关人员提供的情况，事情并非如此。吉冈中将的遗属并没有多说什么，只想说溥仪皇帝关于谋杀的怀疑"完全是误解"。

　　吉冈的遗属解释说，皇帝虽然没有跟他他拉贵人过夫妻生活，但非常宠爱她。一九四二年，新京医科大学校长山口新平给贵人看病，发现她患的是肺结核，已到第三期。当时的宫廷医学把她的病耽误了。满洲的宫中仍沿袭清朝的习惯，一旦患病，就搞中国式的念经、祈祷，然后完全依靠中医中药，毫不接受现代医学的治疗。病情毫无好转，皇帝急得团团转。吉冈中将看到这种状况，一而再、再而三地向皇帝进言，建议请新京第一医院院长小野寺直助博士看病。皇帝身边的人虽然不大同意，但因皇帝对小野寺博士寄于期望，吉冈中将便将博士领进宫内。

　　但是，病情已恶化，已经来不及救治了。小野寺博士是九州大学的名誉教授，堪称满洲第一名医。据小野寺博士诊断，他他拉贵人的病并非宫廷中医所诊断的伤寒，而是粟状结核和脑膜炎并发症，已无计可施。迫不得已，只打了一剂抢救针就退下去了。

　　皇帝还指责吉冈中将在他他拉贵人死后选新贵人的问题上独断专行。对此，吉冈中将的遗属也强烈否定。吉冈中将起初同皇帝身边的人商量，是否从满洲良家子女上的师范大学的在校生或毕业生中挑选。但据说皇帝表示，"那么大的女性，我不要"，提出"没有学问也行，门第如何

溥仪的族侄毓嵒和他那间小屋，他正为溥仪研究者王庆祥题写书名。

也没有关系，只要年龄小的姑娘，我要在宫内府亲自施教"。于是，从整个满洲的满系小学中搜集来一千多张照片，溥仪皇帝亲自从中挑选了十四岁的李玉琴。尔后，由皇妹二格姬将其接进自己府中，准备停当后作为"福贵人"把她领进宫内府。[1]

在谭玉龄之死这个神秘的问题上，持有与李玉琴、李香兰相同观点的，还大有人在。一九八六年五月，趁着原伪满国务总理张景惠的日籍秘书官松本益雄重访长春的机会，作为旧同事的高丕琨先生曾询问谭玉龄死亡的原因，松本回答说："贵妃患病先是由宫内府中医诊治，嗣后请满铁医院小野寺博士

---

[1]　[日]山口淑子、藤原作弥:《我的前半生——李香兰传》，何平等译，世界知识出版社，1988年，第121–122页。

诊治，确诊为'急性脑膜炎'，为时已晚，抢救无效而死。当时未听说是毒死的。"他的记忆似亦可给李玉琴、李香兰等人的推测作一注脚。

尽管人们对谭玉龄之死抱有各种各样的看法，对她的爱怜和同情却是一致的。李玉琴就在自己的回忆录中表达了作为后死者的"一桩未了的心愿"。她说，婉容的尸骨至今仍遗弃在吉林省内一处荒冢间，谭玉龄的骨灰也随便地埋在北京我曾住过的一间厢房的地下，真希望有一天能亲手把她们安置在妥善的地方。作为同病相怜的女人，我理解她们，同情她们，愿意她们的在天之灵能够得到应有的慰藉。

如今，李玉琴女士曾经住过的那间厢房，即毓嵒家也曾居住的那间小东屋依然存在，只有七八平方米的面积，摆一架双人床、一张地桌、一把留给客人坐的椅子，已经毫无空隙了。大彩电也只好随便摆在桌角上，毓嵒有时伏在地桌前练练书法，他手题的"何陋之有"四字条幅是四壁之上惟有的装饰。若干年后，世人们还能否知道这间小屋曾是溥仪宠妃谭玉龄的骨灰存放处，以及溥仪过继子毓嵒全家人居住过的地方呢？

到了二十世纪九十年代，古稀老人毓嵒受到政府的照顾，在方庄新建住宅区得到一处分配的两室单元住房。考虑到还在已开放的"恭王府"内担任顾问，为了工作方便，老人仍自愿住在南官房小东屋里，并继续守护着谭玉龄的亡灵。

五　溥仪、李淑贤与谭玉龄将并骨

随着李淑贤年事渐高，她开始考虑溥仪骨灰的最后去处。因为溥仪没有子女，所以李淑贤担心以后无人来看管溥仪的骨灰盒，就想为丈夫溥仪买一块永久性的墓地，待自己百年之后与之合葬，永远在一起。而且李淑贤还打算把谭玉龄的骨灰也葬进去，因为谭玉龄是溥仪前半生中最喜欢的女人，所以李淑贤要了却溥仪的这一心愿，让谭玉龄也与溥仪合葬在一起。

一九九一年，李淑贤曾打算在万安公墓给溥仪买一块墓地，后来也有一些人找过她，表示愿意赠送墓地，但最后都没有谈成。

一九九四年四五月间，郭布罗·润麒带来一条消息，说有位香港富翁愿出巨资为清朝皇族后人在河北遵化马兰峪即清东陵建一块墓地，溥仪当然被列入进墓地的第一号人选，但在皇族内部征求意见时，却发生了矛盾，而且李淑贤对专为皇族建墓的办法也早有疑虑，这件事最后也就不了了之。

同年初冬，又有朋友找上门，这次给李淑贤带来的消息说，香港实业家张世义在河北易县清西陵崇陵（光绪帝墓）附近开发一处墓地，即华龙皇家陵园，希望把溥仪先生的骨灰迎入安葬，并表示愿为溥仪及合葬者修建规模适合的陵墓。

清西陵位于易县梁各庄西，是一片丘陵地，周围群峦叠嶂，树茂林密，风景极佳。陵区内树木茂盛，景色宜人。春夏之时，松涛鸟语，流水潺潺，风景如画，是旅游避暑的胜地。

张世义先生是山东泰安人，毕业于中国科技大学，曾就职于航天五院，一九八五年出国发展，从打工做起，一步步当上老板。他在香港开设了香港鸿华国际有限公司，一九九二年又返回内地投资，与河北省易县民政局合作兴办了华龙皇家陵园。这是为广大海外华侨、港、澳、台同胞及其在国内的亲友安葬骨殖、骨灰和遗体，同时亦为国内各界人士提供服务的永久性陵园，总面积约三百亩。张世义整山挖河，修筑了沙石和水泥结构的墓台，并进行了陵区绿化。

张世义告诉李淑贤，他有意将陵园名称叫作华龙皇家陵园，以便突出他似乎是专为溥仪这位末代皇帝建陵的心意。溥仪少年时代在紫禁城当皇帝时曾经选过陵址，即所谓"万年吉地"。李淑贤也希望能给溥仪的历史画上一个圆满的句号。她想：华龙皇家陵园就坐落在清朝光绪皇帝的崇陵北侧，溥仪既然已过继给光绪为子，现在又回到了父亲身边，这又有什么不好呢？当然，溥仪并不是作为皇帝归葬于此的，而是作为一个普通公民在这里选择了自己的陵址。华龙皇家陵园虽然地处清朝皇陵中间，却是人民的陵园，任何人都可以在这里选择陵址，从这个意义上说是把普通人也带进他的祖陵来了，这恰恰代表了一个新的时代。

这次见面以后，张世义先生与太太和公子又先后几次登门看望李淑贤，希望了解李淑贤对为溥仪建陵的具体想法。他不无兴奋地说，既然历史已经给了他这样的机会，让他为中国末代皇帝安排这最后的一件大事，他无论如何也要把这件事做好，既要对得起历史，更要对得起未来，这就首先要向李淑贤征求意见，李淑贤满意了，也就代表溥仪本人满意了，所以一定要让李淑贤把具体意见提出来。

李淑贤对张世义说，溥仪过去有一个妻子叫谭玉龄，是溥仪前半生四个妻子中他最喜欢的人，她在一九三七年四月被选进长春的宫里，封为"祥贵人"，在这以前她是北京的中学生，年仅十七岁，有爱国思想，性情温柔，善解人意，可惜五年后就去世了，溥仪认为是日本人给害死的，他为此悲痛欲绝。而且日本人还不许把谭玉龄葬入清朝祖陵，竟在长春的护国般若寺内停尸三年之久，直到溥仪被俘并囚居伯力后，才传信让溥俭和毓崋火葬了谭玉龄的遗体，并把骨灰送到了北京。而他自己则无论走到哪里都随身携带着谭玉龄去世时剪下的她的一缕头发和四个指甲盖，还随身带着她的照片，并在照片背后亲笔题字："我的最亲爱的玉龄。"溥仪特赦后曾一度把存放在毓嵒家的谭玉龄的骨灰拿到政协宿舍里来，后来担心李淑贤害怕，又送回毓嵒家了。据毓嵒讲送回骨灰那天，溥仪还亲自剪下自己的一点头发和指甲放入谭玉龄的骨灰盒内，表示永远跟她同在。既然这是溥仪的遗愿，就应当给予尊重，李淑贤希望能把谭玉龄和溥仪葬在一起。张世义先生当即表示："李阿姨，我保证做到这一点。"

李淑贤又说，我也有百年的时候，溥仪活着我们相依为命，他走了，我一天也不能忘记他，他地下有知，也一定会想念我，所以今天我把溥仪的骨灰交给你，同时，我百年之后，也要交给你，我愿与溥仪和谭玉龄三人合葬。张世义先生又表示："李阿姨，您所说的合情合理，我保证百分之百做到。"

张世义又让李淑贤提出建墓的具体要求。李淑贤说："我的要求也不高。你的标准墓地是一点五平方米，溥仪的墓地要大一点，不能低于六平方米；我和谭玉龄的不能低于三平方米，还要给点绿地，再建个碑也就行了。"

李淑贤认为当然不必把溥仪的陵墓修建得像帝王陵墓那样豪华，但也要修得大些，好些，要与这位从"皇帝"改造成为公民的著名人士的经历和身份相称。张世义先生毫不犹豫地说："李阿姨，请您放心，我也可以告诉您，我做的一定会比您要求的好得多！"

张世义先生也向李淑贤说明了他给溥仪建墓的初步考虑，他说，他想把溥仪、谭玉龄和李淑贤的合葬墓建在自选区的正中，占地为99.5平方米，这个数字是借鉴故宫的房屋为9999.5间而来的，还将在世界范围内征集陵墓的建筑方案。这样周到的考虑，李淑贤当然是很赞成的。

一九九五年一月二十六日，是溥仪骨灰迁葬的日子，易县清西陵华龙皇家陵园的灵堂已经布置就绪，正前方悬挂着"全国政协委员爱新觉罗·溥仪"横额，以及一帧放大的溥仪晚年的照片，四周摆满了花圈，当李淑贤把木质雕花的溥仪的骨灰盒捧放在铺着黄缎的灵台上的时候，迁葬安灵仪式就正式开始了。

这时，一位陵园工作人员跳下一人多深的墓穴，郑重地从李淑贤手里接过骨灰盒，轻轻放入铺着黄绸的水泥椁内，又特意解开包裹骨灰盒的黄缎布，确认方向为面南背北，再重新系好，盖上椁盖，窝好钢筋，再浇筑混凝土封死。中国封建社会末代皇帝的骨灰就这样安葬了。一九一五年清皇室选定的"万年吉地"终于画上了句号。看着溥仪的骨灰盒被工作人员小心地安放好，李淑贤心情十分激动。

溥仪的骨灰盒入葬后，张世义又问李淑贤，怎样安排谭玉龄的骨灰，是放左边还是右边。李淑贤还没想好，因为谭玉龄的骨灰还存放在溥仪的侄子毓嵒处，李淑贤想可以从长计议，商量定了再办也不迟。

其实，这时谭玉龄的骨灰，已经有了一个新的去处。笔者也可以算是知

情人吧。那是在一九九三年秋天，毓嵒深感自己的人生也已经步入晚年，谭
玉龄的骨灰尚未入土为安，溥仪交给他的任务还没有完成啊！他想到了谭玉
龄最后生活的地方，她被病魔吞噬的所在，想起了当年的新京——长春，想
起了伪满皇宫，也想起了那些年多有来往的溥仪生平研究者——笔者，于是，
他以典雅、娟秀的毛笔恭楷字给笔者寄来了亲函。希望笔者帮助在长春择地
安葬谭玉龄的骨灰。笔者当即回信，表示一定努力做好这件事情。考虑到这
是直接与末代皇帝溥仪关联之事，应该由统战部门协调解决。笔者当即向长
春市政协汇报了情况，并通过他们把毓嵒的来信也转给了长春市委统战部。
这以后的情况，还留下一些资料，可供还原、印证。

　　笔者在一九九三年十一月二十五日日记中写道："原建新（长春市政协
文史委主任）来电话说，谭玉龄建坟事已问过，侯铁部长（长春市委统战部
副部长）让打个报告研究一下，可以支持。"笔者当即把这一消息写信告诉
了毓嵒。

　　笔者在一九九三年十二月十日日记中写道："十一时去长春市政协，递交
了毓嵒先生为谭玉龄择地建坟而写给笔者的信和写给长春市委统战部侯铁副
部长的信。"这两封信的内容如下。

庆祥先生：

　　收到来函，深知您为我家存放着谭玉龄骨灰的困难问题，费尽苦心
在长春找统战部领导设法予以解决，首先向您致以无限的敬意！根据您
的办法，现在已写好给长春统战部侯部长的申请信，一同寄上，请费心
转交，望您多多代为美言周旋！敬祝

　　身体健康　合家幸福

毓嵒　启
1993 年 12 月

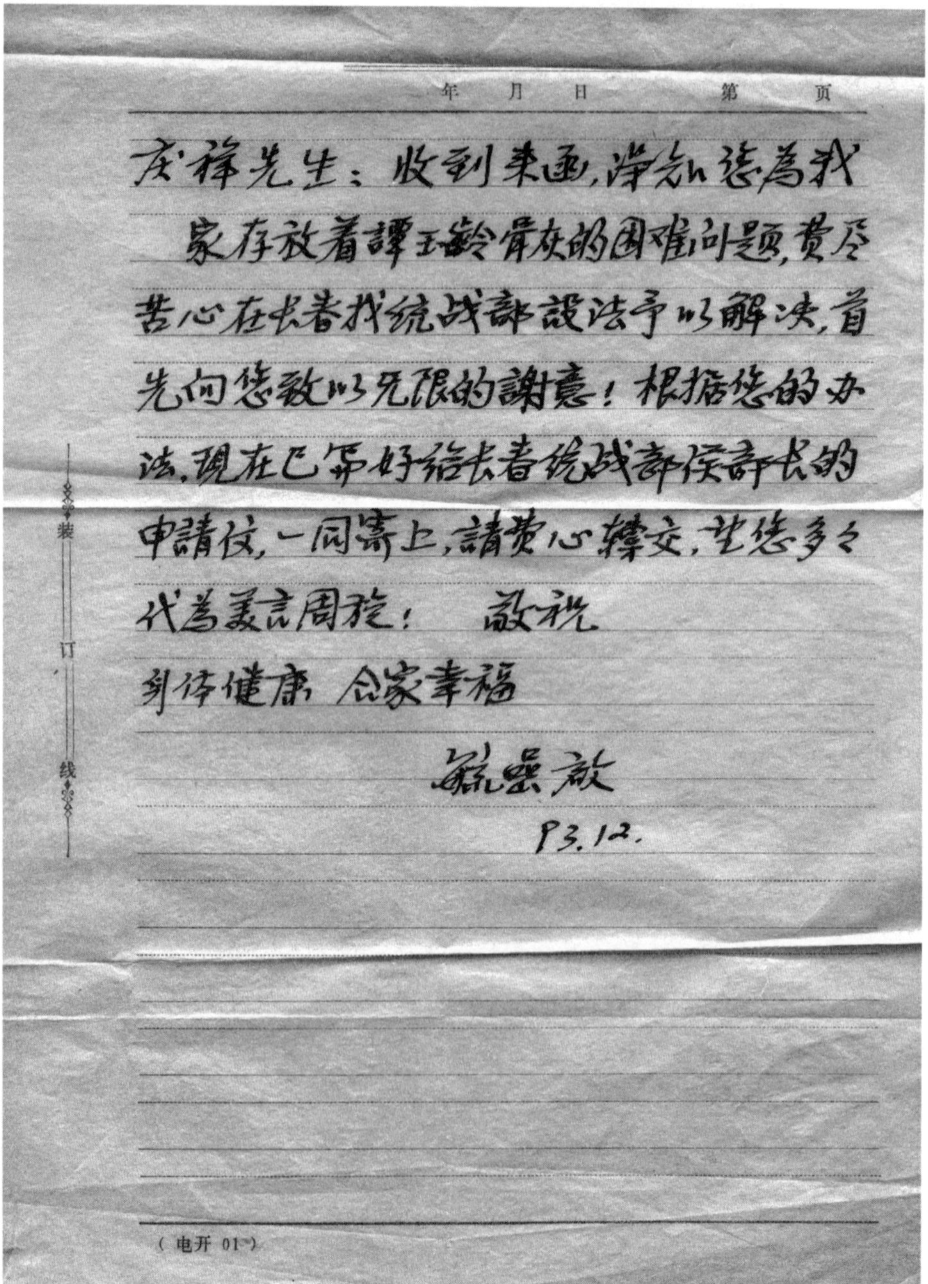

庆祥先生：收到来函，学知您为我家存放着谭玉龄骨灰的困难问题，费尽苦心在长春找统战部设法予以解决，首先向您致以无限的谢意！根据您的办法，现在已写好给长春统战部侯部长的申请仪，一同寄上，请费心转交，并您多々代为美言周旋！ 敬祝

身体健康 合家幸福

嵯崟敏 敬
93.12.

敏岢致王庆祥亲笔信

长春市委统战部侯部长台鉴：

我是爱新觉罗毓嵒，是清道光皇帝第五子惇勤亲王奕誴的曾孙，1950年在苏联伯利力时，溥仪把我过继为他的嗣子。1942年溥仪的夫人谭玉龄病逝于长春伪宫缉熙楼，棺材们放在西花园畅春轩，溥仪曾命我守重轮宫。1945年后，谭玉龄的尸体由溥俭、毓嶦等在长春给火化，把谭的骨灰放在我的家中。1959年溥仪被特赦回北京后，住在全国政协宿舍时我把谭的骨灰送到溥仪住处，溥仪和李淑贤结婚后溥仪又把谭的骨灰交我保存，并嘱我以后他逝世后与之合葬，直到今日。原来我家住在西城区南官房12号，谭的骨灰先是放在我的室内，后埋在室内地下。今年我家迁居于方庄小区芳星园三区七楼，也把谭的骨灰带来，实在难于安

毓嵒致中共长春市委统战部侯铁部长的信（第1页）

置,特此向

部长提出这份申请,求您大力协助,设法把
谭玉龄的骨灰在长春择地建坟,以便使我
完成溥仪生前的遗愿。　此致
崇高的敬礼

　　　　　　　　爱新觉罗毓嶦
　　　　　　　　83.12.

　□□□□□□　　　　　　　　　

　　　　呈

　　　长春市委统战部

　　　侯　铁　部长　收

　　　　爱新觉罗毓嶦

　　　　　　　　　　□□□□□□

毓嶦致中共长春市委统战部侯铁部长的信（第2页）

长春市委统战部侯铁部长台览：

我是爱新觉罗·毓嵒，是清道光皇帝第五子惇勤亲王奕誴的曾孙。1950 年在苏联伯力时，溥仪把我过继为他的嗣子。1942 年溥仪的夫人谭玉龄病逝于长春伪宫缉熙楼，棺材停放在西花园畅春轩，溥仪曾命我穿重孝守灵。1945 年后，谭玉龄的尸体，由溥俭、毓嶂等在长春给火化，把谭的骨灰放在我的家中，1959 年溥仪被特赦回到北京，住在全国政协宿舍时，我把谭的骨灰送到溥仪住处，溥仪和李淑贤结婚后，溥仪又把谭的骨灰交我保存，并嘱我以后他逝世后与之合葬，直至今日。原来我家住在西城区南官房 12 号，谭的骨灰是放在我的屋内，后埋在屋内地下，今年我家迁居于方庄小区芳星园三区七楼，也把谭的骨灰带来了，实在难于安置。特此向部长提出这份申请，求您大力协助，设法把谭玉龄的骨灰在长春择地建坟，以便使我完成溥仪生前的遗愿。此致

崇高的敬礼

爱新觉罗·毓嵒
1993 年 12 月

一九九三年十二月三十日日记中，笔者记下侯铁来电话谈毓嵒为谭玉龄建坟的事，他的意思是这件事较敏感，可能会产生重要影响。因此要考虑周全，将溥仪、毓嵒海外亲属和北京上层意见及建坟根据都想到，并向上级报告。让笔者写报告稿。

一九九四年一月十四日又有新消息了，原建新来电话说侯铁已经向上级报告，既不想失去机会，又有种种担心，处理极为慎重，提出初步办法：一、可否自己出资买地，长春市政府给予地点、价格等方面的优惠（公民买地价位在四千元、五千元、六千元以至上万元不等，刻碑按字计价：大字五元、小字三元）；二、可否让恭王府或北京市政协出面，而不仅仅是个人私信；三、也可以考虑以皇族书画而作为文化交流活动等其他情况。希望笔者能与毓嵒

先生商谈一下。"看来，统战部领导很认真思考过了。

一九九四年二月二十八日上午，原建新来电话，说侯铁到市民政局谈工作时，针对毓嵒要为谭玉龄建坟一事提出一新方案，除提供了可供选择的墓地，又说明了市政府对此事的关注、支持态度及方法，请敏嵒考虑。

笔者还记得，当天晚上的电视新闻播发了溥杰先生逝世的消息。

不久，又有新方案出现：就是由伪满皇宫博物院派员前往北京方庄毓嵒家里直接取回谭玉龄的骨灰盒，暂存库房，等待时机，一旦条件具备就可以入土为安了。毓嵒表示同意，事情就这样办了。

溥仪的墓在经过一番波折之后，终于在一九九六年清明节前夕建好，建成了水泥坟头圆顶和护栏，还立了一块墓碑，墓碑上写着"爱新觉罗·溥仪1906—1967"。张世义还按协议书要求在溥仪墓的旁边给李淑贤和谭玉龄盖了两个空坟头。一九九六年四月五日，李淑贤再一次来到溥仪的新墓前，她看着为丈夫选择的墓地，看着修好的新坟，心里感到一些安慰，亲手为丈夫献上了一束鲜花。

李淑贤本来打算把谭玉龄的骨灰尽快移到华龙皇家陵园先与溥仪合葬，但是这并不是很简单的事，所以一直没能实现，李淑贤为此感到遗憾。

一九九七年初，李淑贤的身体每况愈下，常常住院。四月中旬，李淑贤住进了朝阳医院，被确诊为肺癌，并已扩散。六月四日转住中日友好医院。但李淑贤并没有意识到自己的病情已经很重，想到丈夫溥仪的墓地还没有修建完善，不久前她还曾委托几位友人前往华龙皇家陵园，希望身后能有一座坚固的永久性的合葬墓，让她与溥仪和谭玉龄永远在一起。李淑贤虽然已经知道身患不治之症，但她万万没有料到自己竟会走得这么快！

一九九七年六月九日下午三时十分，李淑贤在北京中日友好医院去世，终年七十三岁。她身边没有子女，也没有直系亲属，临终之际，只有一位远亲、一位当医生的友人和雇用的保姆在侧，她还来不及对身后事做出深思熟虑的安排就匆匆去了。

　　李淑贤的遗体火化后，暂存八宝山公墓骨灰堂，葬地尚未确定。本来按照李淑贤的遗愿是应该葬入华龙皇家陵园，合入现有的溥仪墓，与溥仪和谭玉龄的骨灰永远合葬在一起。但是李淑贤已经逝去，是否把她的骨灰与溥仪合葬在一起，她已经无法决定自己的后事了。

　　李淑贤活着时一直担心去世后溥仪的骨灰无人管，但是当李淑贤按照溥仪的遗愿把他的骨灰葬入清西陵华龙皇家陵园，为溥仪的骨灰做了永久性安排后，却受到有些人的反对，受到非议，错综复杂的矛盾再一次显现出来。

　　更有甚者，由于李淑贤的骨灰还没有被葬在华龙皇家陵园，没有与丈夫合葬在一起，于是出现了李淑贤 "遗言" 的传闻："溥仪生前给人当了半辈子傀儡，死后我不能再让他当招牌了，我的骨灰坚决不和溥仪葬在一起，我要去八宝山。"

　　值得一提的是，近来溥仪的墓地发生了一些意想不到的事情，有人以郭布罗·润麒的名义，把婉容的 "衣冠冢" 入葬清西陵华龙皇家陵园溥仪墓的旁边，甚至有人说溥仪生前有 "与婉容合葬" 的 "遗愿"。

　　无论是溥仪还是李淑贤，生前都从来没有 "与婉容合葬" 的愿望，而且由于婉容在伪满时期，被打入冷宫十年，溥仪曾一度打算与婉容离婚，只是由于日本关东军的阻挠才没有实现。在溥仪和李淑贤去世多年之后的今天，把婉容的 "衣冠冢" 与溥仪合葬或许违背了这位末代皇帝的本意，也完全违背了溥仪遗孀李淑贤当初与张世义签署的关于为溥仪建陵的委托书和协议书。

　　清西陵华龙皇家陵园的溥仪墓成了溥仪最终的归宿，溥仪可以安心了。

　　李淑贤把溥仪安葬在清西陵入土为安应该说是做了一件好事，溥仪少年时代就曾在这附近选定陵址，他名义上的父亲光绪皇帝墓也在其侧，把溥仪安葬于此更能照应历史的关系。李淑贤要与丈夫合葬，也让溥仪前半生最喜欢的妻子谭玉龄和溥仪合葬，是满足了溥仪的愿望，但是这一切都还没有最后实现，留下这最后的遗憾，只能等待以后的人来完成了。

谭玉龄生平年表

1920 年　生于北京地安门外李广桥西口袋胡同的他他拉氏满族家庭，祖
　　　　父是一位清朝大臣。幼年失母，由婶娘抚养成人，念过中学。

1934 年　秋，伪满皇宫"后宫"出事。长期受冷遇的婉容染上毒瘾，溥
　　　　仪欲"废后"。婉容汉文师傅陈曾寿进见溥仪,力请保全婉容"后
　　　　位"，建议亟办选妃事宜。溥仪遂立意要选位"新妃"入宫。

1935 年　1 月下旬，溥仪拟利用赴旅顺避寒的机会，隔离婉容，宣布废后，
　　　　日本人担心内廷丑事外扬，影响伪满"皇帝"尊严，波及社会
　　　　安定和殖民统治，损害日本军国主义利益，遂明确反对。

1935 年　4 月，溥仪首次访日期间，讹传由日本皇太后做媒人为"康德
　　　　皇帝"娶日本女人为妃，一切都已内定。溥仪不甘枕边人是日
　　　　本奸细，暂时放弃选立新"妃"的想法。

1935 年　夏秋之际，溥杰二十八岁，从日本陆军士官学校毕业。溥仪欲
　　　　为其与满族女子指婚，被吉冈安直阻止，命令其与日本女性结
　　　　婚,代溥杰办理与前妻离婚的法律手续,促成其与嵯峨浩的婚姻。
　　　　"御弟之子可继皇位"的《帝位继承法》随之产生，欲借以实现
　　　　改造皇帝血统的夙愿。

1935 年　冬至 1936 年春,溥仪暗自为自己选立新妃,以躲开"铁腕关东军"

安排。乃由皇族贝勒毓朗之女立太太挑选了他他拉氏满族女孩、清朝大臣的孙女谭玉龄。

1936 年　冬，溥仪凭立太太所呈一帧谭玉龄全身"玉照"写了"可"字。醇亲王载沣当即召开记者招待会，向新闻界公布，迫使关东军当局无法阻拦。溥仪从此一直保留这帧照片。

1937 年　春，关东军司令官植田谦吉特派吉冈安直赴北京调查谭玉龄的家庭背景和本人情况，认为"合格"，许可并亲自安排谭玉龄前来"新京"，又经植田"面测"，确认其为毫无政治因素、纯属满族的幼稚女孩子，遂不再干涉。

1937 年　4 月 3 日，溥杰与嵯峨浩举行"政略婚姻"盛大婚礼，溥仪不得不向溥杰夫妇赏赐"御笔"。

1937 年　3 月下旬至 4 月 5 日，谭玉龄入宫，居于西花园畅春轩，随立太太演习宫廷礼仪，继而觐见"康德皇帝"。

1937 年　4 月初,溥仪赐名族侄毓嵣（毓嵣原名毓岭，与谭玉龄的名字谐音，溥仪乃给他"赐名"毓嵣，别号"秀岩"）。内廷学生们因而获知"谭贵人"的信息。

1937 年　4 月 6 日（旧历二月二十五），举行册封典礼，被"册封"为"祥贵人"，是皇帝第六等妻子。对本次册封典礼是否举行外廷赐宴，史籍无载。溥仪拒绝享用"花烛"洞房夜。

1937 年　4 月，生活区被安置在缉熙楼一楼西侧几个房间。溥仪在缉熙楼西墙另辟一便门，专供谭玉龄出入；封闭缉熙楼一楼西侧与东侧相通的过道门，防止"贵人"与皇后见面。在两人寝宫中间临时安装了可供单人上下的小型室内楼梯，溥仪与"贵人"可由此随时相聚。

1937 年　4 月，溥仪将畅春轩设为新"贵人"的书房，为其聘请汉文老师陈曾榘教授《四书》《诗经》等。

1937年　10月16日，溥杰偕新婚妻子从日本回国到达长春。嵯峨浩进宫拜谒"康德皇帝"和婉容"皇后"，以西餐"赐宴"。溥仪告知谭玉龄需防备嵯峨浩。此为两人第一次私房话。此后嵯峨浩进宫拜谒"贵人"，"贵人"谨以礼相待，谨慎客套。

1938年　盛夏，膳房厨役石玉山在背后对谭玉龄口出秽语，被检举受刑，轰出宫门自寻生路。溥仪赏赐检举有功者多连元和王庆元。

1937年　3月至1939年9月，植田谦吉获悉溥仪经常留宿于"贵人"处，立即制定一项关于"满洲国皇太子"培养办法的新规定：溥仪一旦有子，年至六七岁时须送到日本留学，不可留在"满洲国皇宫"接受溥仪的抚养与教育。

1940年　6月，溥仪第二次访日，把日本天照大神迎到满洲供奉。向裕仁天皇表示，仍希望正式与婉容离婚，以扶正谭玉龄，遭婉拒。

1940年　7—8月，国民党统治区的报纸刊出关于谭玉龄被溥仪禁足的消息。与事实不符，惟与婉容见面受到严令禁止。谭玉龄曾向"皇上"为婉容求情，未果。

1940年　至1941年，因溥仪隐疾，无法生儿育女，内心苦闷，无法排遣。

1941年　杨景竹生长子后，进宫叩见皇上"谢恩"。"贵人"自怜。

1937年　至1942年，与溥仪感情甚笃，日常生活甜蜜温馨。

1942年　夏秋之际，病重，干渴，尿血。御医、西医反复诊治，不见好转。

1942年　8月上旬，从昏迷中醒来，不忘关心溥仪。遗憾未能见到和侍候皇后。

1942年　8月12日夜，伪满新京市立医院日本西医大夫小野寺前来诊病，经溥仪同意为其注射，输血。溥仪守候在侧，诸内廷学生随时等候差遣。吉冈安直深夜出现，与小野寺交谈很久后令其继续抢救，未再注射及输血。小野寺提出需给病人导尿，溥仪认为暴露肌肤有损"皇帝的尊严"，未允，小野寺与女护士随即离去。

溥仪不忍见生离死别，含悲离开。

1942年　8月13日凌晨，病逝。遗体被抬出缉熙楼，停放在西花园畅春轩堂屋内，搭起灵棚，溥仪命溥俭等内廷学生在畅春轩堂屋外院守灵。

1942年　8月13日上午，溥仪召见伪满国务院总理张景惠和总务厅长官武部六藏说，决定册封谭玉龄为"明贤贵妃"，由政府特拨十二万元治丧。

1942年　8月13日上午，溥仪命人用冰块保护遗体，急召谭氏家人。谭玉龄兄长谭志元从北京赶来，溥仪立即接见并单独谈话，给付抚恤金。谭志元未出席殡葬仪式。

1942年　8月13日上午，溥仪电谕载涛，命其为"承办丧礼大臣"，火速从北京赶来主持殡葬。熙洽、胡嗣瑗及鹿儿岛虎雄同为"承办丧礼大臣"。安排内廷学生和家族人士等为灵前穿孝人员，轮流当"丧家"。葬礼隆重。

1942年　8月13—15日，遗体着便服式寿衣。溥仪命溥侠和毓嵒代后人身穿重孝跪在灵旁，每日早、午、晚祭拜三次。其他近亲皇族成员依次在灵前行三跪九叩大礼。

1942年　8月15日午刻，经算命先生按照其生年批定时辰，举行"大殓"，即隆重而正式的祭奠典礼。遗体更换为全套满族妇女服饰寿衣，装殓入棺，请来和尚念经。

1942年　8月15日，举行"初奠祭礼"，举办"国殇"。奉置神牌于护国般若寺，灵前穿孝人员在畅春轩和般若寺分班轮值。

1942年　8月27日午刻，即"三七"首日，举行册封典礼。佐藤知恭奉武部六藏命令，依清制提出册封名号方案。溥仪追封谭玉龄为"明贤贵妃"，派定册封正、副使以后，亲书谕旨"封谭玉龄为明贤贵妃"，放入棺内，牌位改写为"明贤贵妃之灵位"。此后丧礼仪注按贵妃丧礼之格进行。

1942年 8月27日，溥仪身穿军便装，佩挂兰花肩章及绶章亲临祭奠，奠三杯酒，无祭文或悼词，祭奠完毕即返回缉熙楼。

1942年 8月27日，举行主祭仪式——大祭典礼。伪宫内府大臣熙洽任主祭官。

1942年 8月28日，举行绎祭，即大祭第二天再祭之礼，以示厚重。

1942年 9月1日，举行启奠典礼，即在起灵之前焚烧死者衣冠的仪式，溥杰任承祭官。停灵共二十一天，灵前每天早、午、晚上三次供，同时有十余个和尚奏乐，念经，"转咒"；每七天放一次"焰口"，有和尚、尼姑、喇嘛三台法事。

1942年 9月2日午刻，举行奉移礼，礼毕启奠出大殡。遗体由畅春轩移往护国般若寺。奉送行列壮观，七十二杠抬灵，为帝王之家所独有的"奉移"盛况。"吉安所祭祀"至此告终。

1942年 9月2日至1945年8月11日，溥仪下旨，般若寺内明贤贵妃殡宫"有禁卫看守，不容闲人擅入"。命将谭玉龄的卧室原样保存，直到伪满垮台始终未用。

1942年 9月2日至1945年11月，遗体厝于般若寺，此长期祭祀称为"暂安所祭祀"，即第二个祭礼程序，祭祀活动未尝断绝。溥仪欲在奉天清朝祖陵旁侧为"明贤贵妃"造墓，日本关东军司令官不允，并把谭玉龄的葬地视为原则问题，绝不退让。溥仪不再考虑"奉安园寝"，乃在般若寺"暂安所"为谭玉龄奉置神牌并停放装有遗体的金棺。

1942年 9月12日，举行周月致祭，伪宫内府官员行礼。

1942年 9月16日，举行五七日烧伞。

1942年 9月30日，举行七七日烧楼库箱子。

1942年 10月11日，举行再周月（六十日）致祭，伪宫内府官员行礼。

1942 年　11 月 10 日，举行三周月致祭。

1942 年　11 月 20 日，举行百日读文祭祀，伪宫内府官员行礼。

1943 年　2 月，溥仪欲找一位面貌酷似谭玉龄的女子，以填补因失去所
　　　　　爱而在内心深处造成的巨大感情真空。一位出身北京旗人家的
　　　　　女孩被送进"宫廷"，因未能达到溥仪标准，十余天后被送走。

1943 年　5 月，溥仪从数以百计的女孩子照片中挑选出相貌上与谭玉龄
　　　　　有共同之处的李玉琴。

1944 年　"暂安所"全年祭祀共计用款三千九百六十六元，耗资相当可观。

1945 年　8 月 11 日，溥仪逃离伪宫前，命随侍李国雄把原样保存在"贵人"
　　　　　寝宫的几块指甲，即谭玉龄临死前让老妈子剪下留给溥仪的纪
　　　　　念品，用纸包了随身带走。

1945 年　8—11 月，溥仪逃亡通化前，特嘱般若寺内明贤贵妃殡宫看守人：
　　　　　遇有必要，可以火葬之。溥仪被俘到赤塔后，对谭玉龄遗体念
　　　　　念不忘，曾致信命溥俭和霍福泰立即火化遗体，并将骨灰送往
　　　　　北京由族人保存。溥俭等人"遵旨"而行。

1946 年　8 月 19 日，溥仪第二次在东京审判法庭上做证，指称吉冈安直
　　　　　毒害谭玉龄，未能拿出确凿证据。

1956 年　12 月，《末代皇帝传奇》作者潘际坰在抚顺战犯管理所采访溥仪，
　　　　　见到他保存谭玉龄站在月亮门前的照片，背面亲自题写有"我
　　　　　的最亲爱的玉龄"几个楷体正字。溥仪特赦后将这帧照片带回
　　　　　北京。

1961 年　3 月，溥仪调入全国政协任职，住入单位宿舍。从毓嵒手里取
　　　　　回谭玉龄骨灰，放在自己的居室中。

1962 年　7 月，与溥仪结婚后的李淑贤发现了谭玉龄的骨灰盒，引发噩梦，
　　　　　溥仪遂决定把谭玉龄的骨灰盒送回毓嵒家存放。

1987 年　李香兰自传《我的前半生——李香兰传》出版，书中认为谭玉

龄之死与吉冈安直无关，是溥仪误解，指出谭玉龄患肺结核，但被耽误病情，导致脑膜炎并发症，令医生无计可施。

20世纪 60年代至90年代　谭玉龄骨灰盒一直存放在毓嵒家中地下。毓嵒继续守护亡灵。

1993年　秋，毓嵒深感自己行将就木，欲让谭玉龄入土为安，遂致信与之多有来往的溥仪生平研究者王庆祥。王庆祥当即联系长春市政协和长春市委统战部。

1993年 11月25日，长春市政协文史委主任请示谭玉龄建坟事，长春市委统战部侯铁副部长欲以支持。

1993年 12月10日，王庆祥递交毓嵒先生为谭玉龄择地建坟而致长春市委统战部侯铁副部长的信，请求部长大力协助，以使其完成溥仪遗愿。

1994年 2月28日，侯铁提出为谭玉龄建坟新方案，地点可供选择，政府给予经费优惠和宣传帮助。

1994年 5月，新方案出现：由伪满皇宫博物院派员前往北京方庄毓嵒家里直接取回谭玉龄的骨灰盒，暂存库房，等待安置时机。毓嵒表示同意。

1994年 11月，香港实业家张世义在河北易县清西陵崇陵（光绪帝墓）附近开发华龙皇家陵园，希望把溥仪先生的骨灰迎入安葬，并表示愿为溥仪及合葬者修建规模适合的陵墓。李淑贤希望能把谭玉龄和溥仪葬在一起，完成溥仪遗愿，并表示自己百年后愿与溥仪和谭玉龄三人合葬。

1995年 1月26日，溥仪骨灰迁葬安灵仪式在易县清西陵华龙皇家陵园的灵堂举行。

1996年 4月5日，溥仪墓建成，并立墓碑，旁边是李淑贤和谭玉龄的预留坟头。李淑贤为丈夫献上鲜花。

1997 年 6 月 9 日下午 3 时 10 分，李淑贤去世，享年七十三岁。未能对
身后事及溥仪和谭玉龄合葬事宜做出安排，遗体火化后，暂存
八宝山公墓骨灰堂，葬地尚未确定。

附录一 与谭玉龄史事相关的日记

1993 年 11 月 25 日星期四

下午我给刘乃和教授和毓喦的信。原建新来电话说,谭玉龄建坟事已问过,侯铁(中共长春市委统战部副部长)部长让打个报告研究一下,可以支持。

1993 年 12 月 10 日星期五

11 时去长春市政协,交了毓喦为谭玉龄择地建坟的信。

1993 年 12 月 30 日星期四

侯铁来电话谈毓喦为谭玉龄建坟事,他说,对这类比较敏感的事情,要考虑全面些。比如,要想到溥仪、毓喦的海外亲属会不会愿意赞助,要想到北京上层对此会不会有什么意见,还要想到在长春为谭玉龄建坟的根据何在,如此等等。总而言之,要作为一件可能产生重要影响的大事,向上级机关报告。为此,想请我帮助形成书面报告稿。我答应撰写初稿。

1994 年 1 月 14 日星期五

原建新来电话：毓嵒欲为谭玉龄建坟事，侯铁已经向上级报告，既不想失去机会，又有种种担心，处理极为慎重，初步办法：一、可否自己出资买地，长春市政府给予地点、价格等方面的优惠（公民买地价位在四千元、五千元、六千元以至上万元不等，刻碑按字计价：大字五元、小字三元）；二、可否让恭王府或北京市政协出面，而不仅仅是个人私信；三、也可以考虑以皇族书画而作为文化交流活动等其他情况。希望我能与毓嵒先生商谈一下。

1994 年 2 月 28 日星期一

上午，建新来电话，说侯铁来电话说，他最近到市民政局谈工作，又提到毓嵒为谭玉龄建坟事，提出一新方案，地点可以选择，在拉拉屯往双阳的地方，当年日本人曾建"协和墓地"，因此处风水好，有山有水，被称为"九龙戏珠"。此地今称"石碑岭"，也是墓地。

如果毓嵒同意在此造谭玉龄墓，一、市政府表示欢迎；二、在造坟经费上给予优惠；三、在落成时政府领导可以出面，并有宣传。以上情况可通知毓嵒先生考虑。

晚间新闻播发了溥杰先生逝世的消息。

附录二　溥仪与宗教

一　纪礼备和张士敦

　　长春基督教会是在十九世纪晚期由西方传教士创建的，西五马路礼拜堂也很快建成。早在一八九二年，英国爱尔兰传教士纪礼备就在这里充当牧师，他在长春的时间最长，影响也较大，但民间对他的评价并不一致。第一次世界大战期间，纪礼备就曾在神学信徒和教会学校毕业生中网罗华工、翻译人员，把他们送到欧洲战场当炮灰，可见他也是一手拿《圣经》、一手拿战刀的。大战结束后，纪礼备又返回长春传教，恨他的人背地里管他叫"纪嘎子"，一九二一年二月，终于找到机会把他打死了。一九三二年，又有一位英国爱尔兰传教士张士敦来到长春，其实他也带着文化侵略的任务而来，与纪礼备是一脉相承的。到长春不久，他就开始在西五马路教会后院给"为主殉道"的纪礼备修小楼，称之为"学道馆"。一九三四年又建成纪念纪礼备的大礼拜堂。伪满十四年中，这位洋教士一直待在长春和沈阳等地，把持这里的基督教会和教会学校，凭借帝国主义国家与中国签订的不平等条约，欺骗信徒，压迫中国人民。

二 "康德皇帝"与罗马教皇

为了得到伪满上层人物的支持，传教士们讲经，特别注意防止把基督、天主与伪满皇帝对立起来，强调传教只是"精神行为"，与掌管人们肉体的政府行政行为无关，人们向政府纳税是正当的；而且"皇帝也是世上的一个人，从基督教的立场来看，也应信奉基督教"。

溥仪从小信佛，伪满年代对传教也给予了支持。一九三四年三月一日登极为"康德皇帝"之际，各地神父也都参加了当地的庆祝活动，高声祝福"康德皇帝万寿无疆、国泰民安"，溥仪则"赐宴"各教会神职人员，并赏赐每位神父一只银杯。一九三六年，罗马教皇曾向伪满各大臣赠送教廷勋章，为了表示答谢，溥仪在一九三七年十二月二十二日向罗马教皇厅国务总理巴斯加理枢机主教、传信部大臣翁弟枢机主教、罗马教皇厅驻满教皇代表高德惠主教等赠予勋章。四天之后，高德惠又在插满黄白条教皇旗的天主教教堂内宴请伪满国务总理大臣张景惠、伪满外交部大臣谢介石等高官，酬谢"康德皇帝"。一九三八年九月十三日，"满洲亲善使节团"团长韩云阶（伪满经济部大臣），在罗马向十一世教皇呈交了"康德皇帝"的"御书"。同年十月十日，高德惠主教又把十一世教皇的"御书"呈交溥仪。这是"康德皇帝"与罗马教皇"互致敬意"的一段史事。

在伪满年代，传教与政治一直关联着。曾任吉林省天主教爱国会主任的丁鹿樵主教说过一件很有趣的事。一九四二年他在长岭县天主教堂当神父，却常常受到日本人的监视。有一次，他在厕所内放了一本《满洲月刊》，日本人见了就质问他："你怎么敢将皇帝做手纸？"丁主教分辩说："我没有把皇帝做手纸呀！"原来日本人指的是《满洲月刊》内印有"康德皇帝"的画像，为此丁主教好说歹说才搪塞过去。

三 溥仪与般若寺、红卍字总会

不过，溥仪真心信仰的还是佛教。一九三二年般若寺落成，次年二月七日"万寿节"，般若寺第一任住持澍培法师，在寺内张灯结彩，大摆经坛，念《金刚经》，为溥仪祝寿。同时，敬请溥仪的侍从武官长张海鹏代呈奏折，盼"康德皇帝"恩准"临幸"般若寺降香。溥仪从此每年都遣派代表来寺内"降香"，登上"康德皇帝"位后还"御笔"韵味十足地书写了"正觉具足"四字匾额，赏赐般若寺，高悬于藏经楼上。澍培法师感恩不尽，乃于一九三六年般若寺举行开光传戒祈祷道场之前，在"受戒须知"中特别规定："须知我皇上洪恩浩荡佛心度世，凡我民众均蒙厚德，应常怀报恩之心。"溥仪又有回报，命亲信、伪宫内府内务处处长商衍瀛携伪币一万元捐赠道场。

长春还有个"红卍字总会"，会址就在人民大街和解放大路交叉口西北侧，原为长春市图书馆，庙宇式大门，当年曾作为黄世仁的家拍进电影《白毛女》中，现已拆除，盖起银行的大厦了。伪满年代，侍从武官长张海鹏担任"红卍字总会会长"，由他筹资建造了三层楼带六角亭的正殿和东西两栋楼房，一组中西合璧式建筑，溥仪也从他每月六万六千元的内廷经费中拿出一万元赞助，他相信"老祖"降坛，能够预知未来。"老祖"给他赐两个道号——"昊兴""一人"。这或许就是预测溥仪必能"中兴"清朝，而是"天下第一人"吧！

一九四〇年六月，日本天皇裕仁召溥仪第二次访日，让他捧回了日本的天照大神，并在伪满洲国帝宫东南角上给他修了一座"建国神庙"，要求他面对日本的祖宗神顶礼膜拜。这一下子溥仪兴味索然，对宗教也一定有了新的感受。

附录三　毓嵒来信

庆祥先生：

　　收到来函，深知您为我家存放着谭玉龄骨灰的困难问题，费尽苦心在长春找统战部设法予以解决，首先向您致以无限的谢意！根据您的办法，现在已写好给长春统战部侯部长的申请信，一同寄上，请费心转交，望您多多代为美言周旋！敬祝

　　身体健康　合家幸福

毓嵒　启

1993 年 12 月

长春市委统战部侯铁部长台览：

　　我是爱新觉罗·毓嵒，是清道光皇帝第五子惇勤亲王奕誴的曾孙。1950年在苏联伯力时，溥仪把我过继为他的嗣子。1942 年，溥仪的夫人谭玉龄病逝于长春伪宫缉熙楼，棺材停放在西花园畅春轩，溥仪曾命我穿重孝守灵。1945 年后，谭玉龄的尸体，由溥俭、毓嶂等在长春给火化，把谭的骨灰放在我的家中，1959 年，溥仪被特赦回到北京，住在全国政协宿舍时，我把谭的骨灰送到溥仪住处，溥仪和李淑贤结婚后，溥仪又把谭的骨灰交我保存，并

嘱我以后他逝世后与之合葬，直至今日。原来我家住在西城区南官房 12 号，谭的骨灰是放在我的屋内，后埋在屋内地下，今年我家迁出居于方庄小区芳星园三区七楼，也把谭的骨灰带来，实在难于安置，特此向部长提出这份申请，求您大力协助，设法把谭玉龄的骨灰在长春择地建坟，以便使我完成溥仪生前的遗愿。 此致

崇高的敬礼

爱新觉罗·毓喦

1993 年 12 月